はじめに

牧会の現場は多様な課題に満ちている。それは今に始まったことではないが、高ストレス社会に立てられた現代の教会においては、牧師も信徒も、教会の外と同様に、さまざまな「対人関係における歪み」の挑戦にさらされている。それらは、牧会の範疇で取り扱われるべきものから、医療関係者との連携なしには対処不可能なレベルのものまで、さまざまである。いずれの場合でも、牧会者がそうした対人関係を読み解き、適切に対処するスキルを身につけることが、今後ますます重要となってくるだろう。

本書は、牧会の日常で起こる身近な事例を取り上げながら、そうした問題を読み解く際のささやかなヒントとなることを願って書かれたものである。大時化《おおしけ》の夜を導くほどの高性能コンパスにはならないかもしれないが、牧会生活の中で、少し見通しが悪い霧の海上を行くような日々に、大きく方向を見誤らない程度の「羅針盤」になれればと思っている。

最後に、この本に私との対談を掲載することをご快諾くださった香山リカ先生に心よりの感謝を申しあげたい。

目次

第2章　香山リカ×関谷直人対談

第1章　牧会指南

変わりゆく牧会の現場と「言葉」

はじめに

牧師という「お仕事」は、決して楽な仕事ではない。たとえイエスが「わたしの軛《くびき》は負いやすく、わたしの荷は軽い」（マタイ一一・三〇）と言ったとしても、キリスト者であることが「自分を捨て、自分の十字架を背負って」（同一六・二四）イエスに聞き従うことを意味するのであれば、「わたしの羊を飼いなさい」（ヨハネ二一・一七）と委託をされた者の仕事が、いかなる意味においても、単に「牧歌的」な雰囲気を漂わせるようなお気楽なものでないことは明らかである。

遣わされた教会によって、その困難さの質と量は異なるとしても、牧師は誰しも、そこかしこに牧師であることに付随する困難さを抱えているものである。

小規模の伝道所や教会に遣わされた牧師たちにはたいてい慢性的な経済的困難がついて回る。それでも単身者なら、やりくりで何とか乗り越えられたとしても、家族を持つ牧師にとっては深刻である。子どもの学齢が上がり、私立中学へ入学することになれば、経済的な理由から転任を考える必要も出てくる。

牧師が使用する教会備品の購入費を教会会計から支出する場合も、一筋縄にはいかない。ワープロを購入するのに何度も役員会を開かねばならなかった牧師の話を聞いたことがある。牧師が「信徒訪問に車が必要です」と言いだして、結果的にそれが遠因となって辞任に至ったケースもある。小規模教会においては、経済問題はきわめてデリケートな問題なのである。

一方、都市にある大規模教会に遣わされた牧師たちは、（一概には言えないが）経済的な不安から比較的自由である代わりに、今度は慢性的な「オーバーワーク」に潰されそうになっている。その伝道師の多くは、付帯施設に関わる事務仕事にも多くの時間を割かねばならず、集会の準備や牧会に費やす時間を十分にとれないと悲鳴を上げているのである。主任牧師の多くは、役員会運営に関わる絶え間ないストレスを抱えており、第一日曜日の夜には、その日のやりとりを思い出して眠れない牧師も少なくないだろう。

「牧師の青年会への対応がまずい」「説教を何とかしろ」「いつ教会に電話をしても誰も

電話に出ない」などと言って連日のように電話をかけてくる信徒がいる。最近、学校では、無理難題に近いクレームを執拗に繰り返す「モンスター・ペアレンツ」の存在が問題となっているが、まさにその「信徒版」のような人物に間断なく追い回され、ついに牧師館の電話の呼び出し音をオフにしたという話を聞いたことがある。大規模教会は信徒数も多いので、その分いろいろな背景を持った信徒が集まってくる。そこでは牧会上の困難も多種多様となるのである。

もちろん、経済的な困難をはじめとする、牧師の「お仕事」にまつわるさまざまな困難は、そもそも我々が牧師として立てられた時から引き受ける覚悟をしたはずのもので、むしろこの世的な意味でのこうした困難は、牧師にとっての「誉れ」であるはずだということは分かる。ただ、牧師という職務が、神と教会によって立てられた、祝福に満ちた「仕事」であることにまったく同意するとしても、日々の牧会の現場の中で、常にそのことを「実感」できるわけではない。牧師という「お仕事」はなかなか厳しいのである。

もっとも、悪い話ばかりではない。私の世代からは考えられないほどの貧しさの中で、信徒の方々に祈られ、しばしば「現物支給」のようなかたちで生活を支えられたという、貧しいが喜びに溢れた牧会の日々について先輩牧師たちが語った無数の「証言」がそれを裏づけている。

いや、必ずしも昔話を持ち出す必要はないだろう。今、この時代において大都市に立てられた大規模教会でも、農村地域にある小規模伝道所でも、あるいは、キリスト教主義を掲げる諸施設の働きにおいても、さまざまな困難を、そこに集うキリスト者の群れと共に引き受けながら、多くの牧師たちが、遣わされたその現場で「きら星」のような恵みの体験――〝Amazing Grace!〟と歌いたくなるような――をしているのである。

神学校を出たての若い伝道師が、自分の祖母ほどの年齢の信徒から祈禱会の場で繰り返しその成長を祈ってもらったというストーリーは、「伝道師Aの場合」ではなく、我々それぞれの胸の中にあるストーリーではないだろうか。

おそらく、こうした喜びと困難は、「牧会」という一枚の布を紡ぎ出す中で、何度も交互に立ち現れてくる横糸と縦糸のようなものである。このような牧会上の「光と陰」の陰影が深ければ深いほど、そこに立ち会う牧師の成熟もまた深い。だから、牧会はやめられない。いや、正確には「やめられない」のではなく、失敗しても失敗しても、また次のラウンドのゴングが鳴れば、神は私たちを立ち上がらせてくださるのである。

多様化する牧会の現場における「言葉」

牧会はそもそも「魂への配慮」という意味を持つ言葉であるが、それは単なる人間的な意味での「慰め」を与えることではない。それは端的に言えば、信徒個々人の魂との対話を通して、「神の言」を宣べ伝えることである。

ただその場合、その牧会における「言葉」がどのようなかたちをとるかは、その教会が置かれている時代や社会環境の変化によって変わってくる。我々が託されている牧会の現場も大きく変わってきた。

「神の言」を伝える「言葉」が適切に語られるためには、変化し、多様化している我々の牧会の現場を理解し、それにふさわしいコミュニケーションの方法を用いることが必要となる。

高齢化社会における牧会の言葉

今さらと思われるかもしれないが、我々の教会は高齢化している。

ただし、日本全体が「高齢化社会」を迎えているので、この問題が教会固有の問題であるかどうかははっきりとはしないのだが、いずれにしても、毎日曜日に説教壇から信徒席を眺めるたびに、高齢化は単に数字の問題としてではなく、もっとリアルな問題として牧師たちに迫ってくる。一〇年前とほぼ同じ顔ぶれが、そのまま年を重ねているという印象なのだ。

このような高齢化社会における牧会の「言葉」という点で言えば、まずコミュニケーションの物理的な側面、すなわち、説教における言葉の発声の明瞭さと大きさ、そしてスピードが、高齢者を含む会衆において、きわめて重要なポイントとなる。

「そんな単純なこと！」と笑うなかれである。どんなに高度な釈義と黙想を経た後の理路整然とした非の打ちどころのない説教であったとしても、聞き取れなければ、まったく意味がない。

かつては説教学の授業で教師から「早口だ」「もっと明瞭に！」と叱責された経験を持っている牧師も、今やほとんど信徒からそんな指摘をされることはない。もしかしたら、そもそもさっぱり聞き取れなくて、コメントすらできないのかもしれないのである。

また、個々の高齢者との牧会の場において、どのくらいの牧師が、ＣＰＥ（臨床牧会訓練）の中で高齢者、とりわけ認知症の高齢者に対する援助を経験してきただろうか。あるいは経験したとしても、そうした高齢者の信徒に対する「言葉」づかいの中で、どれだけそれが意識されているだろうか。

何度も同じ話を繰り返す高齢の信徒の話に、真実に耳を傾けることができているだろうか。「あ、またその話か」と聞き流すその牧師の聴き方は、それ自体、非言語的な（しかも、強烈な）牧会の「言葉」となって信徒の前に立ち現れているのである。

そこでは（無制限にとは言わないとしても）、何度となく繰り返される物語に、ひたすらに耳を傾けるという態度（非言語的「言葉かけ」）があるべきである。面倒くさくなって、聖書の言葉と祈りで早々に話を切り上げるなどということは、言語道断なのである。

この点においては、カール・ロジャーズの示した「傾聴」という態度が、いわゆる「世俗」の臨床心理の世界からの重要な助言として、「指示的」な牧師たちに与えられるだろう。高齢者に対する牧会においては、「泣く者と共に泣く」牧会者としての共感の「言葉」が求められている。「指示的」ではなく「支持的」な牧会こそが、高齢化社会における牧会の基礎なのである。

少子化における牧会の言葉

礼拝堂に高齢者が増えたのに反比例するようなかたちで減ってきたのが、子どもたちである。

教会を離れていった子どもたちを何とか教会へ呼び戻そうと、有形無形の努力がされているが、今のところ日本の教会全体としては目立った成果は見えてこない。もちろん、「成果」とは単に、教会学校に子どもたちが溢れるということを意味しない。たとえ少人数でも、そこに集う子どもたちの魂にしっかりと寄り添いながら、彼らに対する「牧会」を行うこと、すなわち、キリストの福音を子どもたちの視線に立って、個々の対話の中で伝えることができれば、それは立派な「成果」となる。

しかし、彼らの魂に触れることは、そう簡単ではないのである。先に挙げた「子どもたちの視点に立って」ということも、ただ子どもたちに合わせればいいということではない。コミュニケーションにおける「ジェネレーション・ギャップ」に配慮するあまり、私たちは「言葉」の選択を誤るのである。

以前、教会学校の先生が子どもたちを前に「ダビデとゴリアト」の箇所を語るのに、最後まで「仮面ライダーとショッカー」の話をしていたことがあった。こういう過ちはしばしば起こる。コミュニケーションの方法のひとつとして、聖書の世界観を伝えるのに、子どもたちの世界観の中から比較的類似性のあるものを取り出して、それを用いることで、子どもたちの魂により接近しようとする試みである。

しかし、これは必ずしもうまくいかない。子どもたちが食らいつくように話に耳を傾けているので、一見するとそれはとてもうまくいっているように見えるかもしれない。しかしそこでは、「ダビデとゴリアト」の出来事を通して神が私たちに伝えようとしたこととは違う「何か別のもの」がやりとりされたかもしれないのである。

私たちは、聖書の言葉それ自体が持つドラマ性やコミュニケーション能力、また子どもたちが本来的に持つ想像力や受容力をディスカウントしてはならない。子どもたちを取り巻くメディア環境の変化への「恐れ」から、神の言葉の持つ「尖り」を取り去り、「丸く」飲み込みやすくすることは、本来的に「魂への配慮」であるべき「牧会」を、ひとつのエンターテインメントにしてしまう危険があるのだ。

子どもたちへの牧会の言葉は、むしろもっと率直で直接的であっていい。

心に深い苦しみを持つ人々への牧会の言葉

日本の自殺者数はここ数年、三万人を超えており（統計上の数なので、実数はその倍以上とも言われているが）、先進国の中で群を抜いて高い自殺率を示している。そして、その背後に、自殺に至らないまでも、さまざまな理由で心に苦しみを抱えている人々が大勢いるであろうことは想像に難くない。

そもそも教会は（その本質は別として）「道を求める」人々が集まってくる傾向にあるので、

結果的にこうした心に苦しみを抱える人々がやって来る「率」は高いと考えていいだろう。魂の救済を求めて教会にやって来る人々はいつの時代にもいたが、ここでの私たちにとっての挑戦は、そういう人々の中に臨床心理学的に「病んでいる」と判断される人々が相当数含まれているということである。

そこでの牧会の「言葉」は、ある種の〝symphony〟（語源から言えば、〝syn〟＝一緒に、〝phon〟＝音）となるべきである。しばしば、課題を抱える人に対する牧会のアプローチを、世俗の臨床心理学的、あるいは精神分析的アプローチの上位にあるものとして捉え、心に苦しみを持つ人々に対する「牧会」を、教会の〝monophony〟（単旋律的音楽）ですべてを解決しようとする傾向があるが、これはきわめて危険な行為であると言わざるを得ない。牧会が、神の言葉を個々人との対話の中で伝えようとするものであるのなら、その行為は「全人的」な働きかけでなければならず、そこに「投薬」や経験豊富な臨床心理の専門職によるカウンセリングが要請される場合も起こりうるのである。

こうした心に深い痛みを抱えた人々に対する牧会の「言葉」は、教会以外のさまざまな専門職との連携作業として語られ、総体としてその人間の「魂の配慮」を行い、キリストへと向けていく必要がある。牧師は、ここではしばしばコーディネーター的な役割を担うことで、そのひとりの人間の「魂の配慮」に関わることになるのである。

おわりに

多様化するこの時代にあっては、牧会の「言葉」は、さまざまな方法で、またそれぞれに力点を変え、細心の注意を払って語られなければならない。だが、それにもかかわらず、牧会の「言葉」の中心にあるものは、常に変わらずイエス・キリストに現れた神の言葉なのである。その意味で私たちの牧会は、いつもこの地点から「定点観測」されている必要があるのだ。

教会とセクハラ

　ここ数年、キリスト教の教職者によるセクハラ（セクシャル・ハラスメント＝性的いやがらせ）に関する話題がメディアで取り上げられるようになった。そればかりか、教職者が女性信徒に性的暴行、いたずらを繰り返していたという事件が露見するに至っては、「ああ、それは私たちと違う教派の先生がしたことです」と、単純に対岸の火事と決め込むわけにもいかなくなってきた。

　なぜなら、キリスト教界の外にいる多くの人々にとっては、そのような区別はあまり意味をなさず、端的に「キリスト教の教職者が破廉恥なことをしでかした」ということでしかないからだ。これらの不祥事によってキリスト教会全般に付与された負のイメージに対して、私たちは無関心ではいられないのである。

　こうした事件が起こった原因をすべて当該教職者の個人的資質の問題に帰することで、それを「まったくもって異例の出来事」として切り捨てる方法もないではないが、私はそれについてはいささか懐疑的である。すなわち、キリスト教にはそもそも、そうした逸脱行為の発生を容易にしたり、場合によっては助長するような体質があるのではないかと考えているからだ。それは、キリスト教の神学的土壌と、信仰共同体としてのキリスト教会が持つ権威構造に根ざしている。

セクハラが起こる神学的土壌

そもそも、女性が男性から造られたという聖書の記事（「人は言った。『ついに、これこそわたしの骨の骨、わたしの肉の肉。これをこそ、女（イシャー）と呼ぼう。まさに、男（イシュ）から取られたものだから』」創世記二・二三）からして、すでにそういう「予兆」はあった。蛇にだまされて、女がエデンの園の中央にある「善悪の知識の木」から取って食べて以来、女性の立場は微妙なのである。彼女たちは男性に比べて「誘惑に弱い」などというあらぬレッテル貼りをされてもきた。さらに新約聖書では、「妻たちよ、主に仕えるように、自分の夫に仕えなさい」「夫は妻の頭」（エフェソ五・二二、二三）と言われていたりするものだから、男性たちがすっかりいい気になってしまった。

こうしてキリスト教会の中では、長年にわたって基本的に男性優位の価値観が根づいてきたようである。先述した男性教職者による女性信徒への性的暴力なども、こうした伝統的な教会内部における男性と女性の力学と無関係ではない。

教会の構造的問題

信仰共同体における、教職と信徒間にある「権威主義的」力学も、こうした逸脱行為を助長する要素のひとつとなりうる。

もちろん、それぞれの教派的伝統によっては、この「権威構造」は非常に強固であったり、反対に比較的ゆるやかであったりするかもしれない。だが、それでもなお信徒の立場からすれば、「霊的指導者」である教職者たちの「言うこと」「やること」が、完全に対等な対人関係の中で受け止められているわけではないことに注意する必要がある。

第一にそれは、「圧力」として機能する。多かれ少なかれ、「霊的指導者」である教職者は、祭司的な役割を身に帯びており、それゆえ「パワー・ポリティクス」の上位に立っているので、多くの信徒にとって教職者（ましてや、先に述べた理由によって、女性の信徒にとって男性の教職者）の言動は、常にいくぶんの強制力を持っている。教職者は、そうした自らの「暗黙の圧力」に敏感であるべきなのである。

第二にそれは、信徒の尊敬を集めたり、時には魅力的な存在として受け止められたりする力として機能する。すなわち、先ほど述べた「権威構造」によって、教職者が「霊的指導者」という立場にいるという理由だけで、しばしば信徒から特別視され、時に「崇拝」される可能性があるのだ。

私たちは、こうした「バイアス」が両者の間に存在することを常に意識している必要があるだろう。そこにもまた、女性に対する性的な暴力が入り込む余地があるからだ。

「愛」という名の「セクハラ」

冒頭で述べた牧師の身体的、性的暴力について、ここで論じる必要はないだろう。それがまったく悪しき行為であることは、誰の目にも明らかである。

だからここで扱うのは、もう少し広い意味での教職者による「性的いやがらせ」（セクハラ）についてである。それらはたいてい無自覚的であり、場合によっては（教職者本人の意識の中では）「善意」や「愛」によって動機づけられてさえいるような行為なのである。

また、ここで取り扱う内容は、男性教職から女性信徒へのセクハラに限定しているが、それは、日本のキリスト教会における女性教職の数や、実際のセクハラの発生状況を鑑みてのことである。さらに、この問題が多様な性の間でも（同性間も含む）起こりうる事柄であることを忘れてはならない。

セクハラは、大きく「対価型セクハラ」と「環境型セクハラ」のふたつに分類される。

対価型セクハラ

多くの読者は、このタイプのセクハラをよくご存じだと思う。ドラマや小説に登場するのは、たいていこのタイプのセクハラだ。「……しろ。さもないと……になるぞ」というものである。

しかし、実際はこんな古典的な「対価型セクハラ」はそうそうあるわけではない。この手のセクハラは、実際にはもっと巧妙に偽装されて行われるものである。「……しなさい」も「さもないと……」も、どちらも巧みに隠蔽されており、表面上にはそうした「取引」は見えてこない。だから、ここまで読んで「やっぱり自分とは関係ないな」と思われた教職者の方々も要注意なのである。

だいたい、「自分はセクハラをやっちゃっているよな」と自認している方には、ここで述べているようなことはあまり用をなさない。そういう人は確信犯だから、自分では簡単には止めようとはしないからだ。

そうではなくて、「自分は関係ないな」と思っている大多数の教職者で、しかも真面目に一生懸命、牧会をされている方々、信徒を心から愛しているそんな教職者が、実は「セクハラ牧師」になってしまっていたりするのである。あるいは、そうなる危険性があるから、ぜひ注意してもらいたいのだ。信徒を愛するあまりに、それがセクハラになってしまうケースもあるからである。

ケース1（実話ではありません）

自分ではまだまだ若いと思っている四七歳の男性牧師Aは、地方都市の中規模教会に仕え始めてすでに三年になる。近くにキリスト教主義の女子短大があり、A牧師の熱心な働きかけもあって、最近は青年会活動も活発だ。

B子はその女子短大の二年生。いつもはきはきしていて、A牧師にもため口で語りかけるような「現代っ娘」である。すでに一年以上、毎週の礼拝を欠かしたことがない熱心な求道者のひとりだ。このクリスマスには受洗を希望している。B子は大学の聖書の時間のレポートのことで、水曜夜の祈禱会の後にA牧師の執務室を訪ねるなど、A牧師にとっては少し「特別」な信徒である。

さて、今日は第五週の日曜日で、珍しくB子以外の青年は礼拝に出ていなかった。そのため、B子ひとりが礼拝後も残って週報棚の整理を手伝ってくれた。そこでA牧師は、「じゃあ、昼飯でも食べにいくか」とB子に声をかけた。B子はちょっと考えたが、すぐにいつもの調子で「え〜！　いいんですか！　ラッキー」とはしゃぎながらA牧師の後をついて行った。その日は、教会の青年会のこと、信仰生活のことなど、いろいろと話をして、楽しく別れた。

そんなことがあって、それからも時折、B子と食事をすることがあった。もちろん、青年会全体で行くことがほとんどだったのだが……。

それからしばらくしてB子が礼拝に来なくなった。青年のひとりの話によると、B子は今は隣町の別の教会に通っているらしい。A牧師には訳が分からなかった。

これが「セクハラ」だと言われたら、「どうして」と感じられる読者も多いだろう。だが、これは結果として、B子にはれっきとした「セクハラ」だったのである。

A牧師がB子を個人的に食事に誘った時に、B子には断るという選択肢はないに等しい状況だった。まず、A牧師が自分の通う教会の牧師であったからだ。まもなくその教会で洗礼を受ける予定であることも、その選択と無関係ではなかっただろう。教職と信徒の間の権威構造が、ここでB子に「イエス」と言わせた。

しかしA牧師は、B子が素直に喜んでいると勘違いした。そして、その後もB子を誘うという失敗を重ねることになったのである。最終的にそれはB子にとって負いきれない負担となり、彼女は教会を変わらざるを得なくなったのである。

実は、これは隠されたかたちの「対価型セクハラ」の一例である。「一緒に昼飯を食べろ。さもないと、教会に来にくくなるぞ。洗礼も受けられないかもしれないぞ」と言っているに等しかったのである。

もちろんA牧師はそんなことを露も思っていなかっただろう。むしろ、教会青年として将来有望なB子を大切に思うがゆえの懇切丁寧な「牧会」のつもりであったに違いない。しかしA牧師は、教会における教職者と信徒の間の見えざる「権威構造」にあまりにも無知であった。そして、そのことは結果的に大きな「悲劇」を招くことになったのである。

環境型セクハラ

環境型セクハラは、①身体接触タイプ、②視覚タイプ、③発言タイプなどに分けられる。①は文字どおり「触る」セクハラで、③は性的な声かけによるもの。このふたつは教職者と信徒の間に起こりうるものである。②の視覚タイプは、女性が目にして不愉快な写真などを教会に貼ったりするようなタイプのセクハラである。夏に教職者が下着のような姿で教会内をうろつくことも含まれるが、さすがにこれは珍しいケースだと思うので、①の身体接触タイプと③の発言タイプのセクハラについて述べる。

身体接触タイプのセクハラ

献金当番で礼拝堂を回っている女性信徒の身体を触ったのであれば即刻「アウト!」であるが、先の「対価型セクハラ」と同じで、そんなことをする教職者はまずいない。しかし、教会の伝統的な女性観から来る「か弱い女性」を守ってあげたいという思いから、思わず女性信徒に身体接触するということは起こりうる。

ケース2（実話ではありません）

C牧師は年配の熟練した牧師で、自分の教会の信徒のみならず、教区のほかの教会のクリスチャンの尊敬も集めていた。

ある日、新婚の女性信徒Dさんが訪ねてきて、夫が自分に暴力的な発言を繰り返すことや、しばしば身体的暴力にまで及ぶことを泣きながらC牧師に語ったのである。あまりに激しく泣き続けるので、思わずC牧師はDさんを抱きしめながら、「神様がちゃんと守ってくださるからね」と何度も語りかけた。

ところが、その日、家に帰ったDさんは、同じ教会のほかの信徒数人に電話をして、「C牧師からセクハラを受けた」と訴えたのである。

抱きしめるという行為（ハグ）が一般的なアメリカでも、教職者が牧会上、異性にハグをする場合には、かなり慎重であることが求められる。ましてや、身体的接触によるコミュニケーションがあまり一般的でない日本の社会では、こうした行為がセクハラとして受け止められる危険性があることを認識しておく必要がある。

女性信徒の身体に触れることがいかなる場合にも絶対「悪」であるとは言わない。しかし、それが非常に高いリスクを伴う行為であることは覚悟しておかねばならないだろう。そして、それが男性信徒には決して行われず、女性信徒にだけ行われるとするなら、その背後に「私が守ってあげなければ」という女性に対する男性の優位意識と、さらには「性的」な動機が含まれていると思われても仕方ないのである。

発言タイプのセクハラ

個々の教職者によって、性的な発言とは何かということに対する認識には大きな開きがあるだろう。一概に年齢で区別できないが、高齢者の教職者の中に、このことへの十分な理解が行き届いていないないように感じる。

女性信徒に向かって「○○さん、ナイスバディやね」と言えば一発で「アウト！」である。しかし、「○○さんはいつ見てもきれいですね」がセクハラかと問われたら、答えに迷う方がおられるに違いない。正解は「○」である。女性の容姿に関わるような発言は、それがたとえ褒め言葉であっても、それを聞いた女性本人が「性的に不愉快な発言」と感じれば、立派にセクハラと認定される。

そもそも男性信徒に対しては「○○君、相変わらずイケメンやね」とは絶対言わないのに、女性を評価する時に決まって容姿で評価する発想が「セクハラ的」と言われても仕方ないのである。「牧会的」なつもりで褒めても、それは少しも「牧会的」とはならないのである。

少し傾向は違うが、若い女性信徒に「○○ちゃんも年頃になったな。なんや、いい人おらへんのかいな」などと言ってはいけないのである。これも真っ黒な「セクハラ」なのだ。

「そこまで考えていたら、女性信徒と話もできない……」。そんな声が聞こえてきそうである。しかし、これは信徒を守り、教職者を守り、そして教会を守るために必要な認識なのだ。

牧会に愛は不可欠である。しかし、その方法と場面を間違ってはいけない。「教会員を愛するあまりのセクハラ」では、泣くに泣けないのである。

聴くということ

聴きベタな牧師たち

総じて牧師は、話し上手であっても、聴き上手とは言ない（もっとも、そのどちらも「不得手」となれば、事態はかなり深刻であるが）。

頭の中が「正解」で溢れそうになっている牧師は、信徒が課題を抱えて相談にやって来ると、彼らの話を聴いているそぶりは見せるものの、実際はその間も自分の「頭の中の引き出し」を超高速で開け閉めしながら「正解」を検索しているのである。そして、話が一区切りついたと見るや（場合によっては、相手の話をさえぎってでも）、すぐ「正解」を言おうとするのだ。

「それはあなたが○○だからです」「聖書の中にはこうあります」「○○すればいいんで

す」という「問題解決型」のアプローチは、そういう牧師が用いる典型的な手法だ。この手法には、大雑把に言って、ふたつの「メリット」がある。

まず、時間がかからない。日曜日の礼拝後、ＣＳ教師会が始まるまでの三〇分の食事の席などで、この「問題解決型」のアプローチは、手っ取り早く相談を終わらせるために有効な手段だ。「正解」を告げさえすれば、短時間で「終結」である。

また、この手法を用いることで、牧師はその権威を保つことができる。牧師は常に、信徒の課題に対する「正解」を持っていることを知らしめることができるからだ。牧師＝「真理の保持者」、悩める信徒＝「牧師から真理を受け取る側」という構図である。

ただ、礼拝堂の照明を省エネのためにＬＥＤタイプに取り替えるかどうかといった「相談」なら、こういうアプローチのメリットを活かすことも可能かもしれないが、残念ながらこの「問題解決型」のアプローチには致命的なデメリットがある。それは、この方法がたいていの場合、うまくいかないという点なのだ。

聴いてもらえたという「カタルシス」

まず、信徒は必ずしも問題解決の処方箋を牧師からもらおうと考えてやって来るわけではないのである（本人はそう主張するかもしれないが）。だから牧師が、いかにも即効性のありそうな問題解決の方法を告げても、信徒は今ひとつ煮え切らない顔で不服そうにするのも無理はない。

では、「先生のおっしゃることはよく分かるんです」「そうですよね。本当にそう思うんです」と言いながら、いっこうに席を立とうとしない彼らは、何を求めて牧師のもとへやって来るのだろうか。

多くの場合、それは、ある種の「カタルシス」（浄化）のためである。誰にも打ち明けることのできない、あるいは、さんざん周りのみんなに打ち明けてきたけれど、いっこうに「浄化」されずにいた、持って行き場のないモヤモヤを「浄めて」もらうべく、彼らは牧師のところへやって来るのである。

だが、「浄化」と聞いて、すぐに「祈りましょう」と言うのは早計である。祈りはもちろん、「浄化」のプロセスの中で必要とされる場合がある。だが、牧師が早々に祈り始めることの背景には、「ややこしい話になる前に話を切り上げたい」という、牧師の側のニーズが隠されている場合があるということに注意を払うべきだ。真摯に信徒の課題に向き合う前に、そういうプロセスをすっ飛ばして、何でも祈りで解決しようとすることは、時として相談者に対して不誠実な態度となる。

こんな時に牧師がするべき牧会的アプローチの初動は、何をおいてもまず「聴く」ことである。もし牧師が、彼らの抱えているモヤモヤに丁寧に耳を傾け、最後まできちんと話を聴くことができれば、彼らの多くは、特別なアドバイスや問題解決の方策を教えてもらわなくても、「ちゃんと聴いてもらえた」と感じ、そこから「カタルシス」を得ることができるものなのだ。相談に来た人々が、持って行き場のないモヤモヤを吐き出し、「カタルシス」を得たと感じることで、新しい一歩を踏み出せるようになることは少なくない。

「正解」を持っているのは牧師ではない

次に、信徒の抱えている課題への「正解」を持っているのは、実は牧師ではないということを肝に銘じておかねばならない。

若い牧師は人生経験こそ少ないが、たいていの場合、神学校を出ているし、そこに入る前に一般の大学を卒業してきた人も少なくない。そんな人々は、神学についてはもちろん、人間全般についても多くを学んできたと自負しているかもしれない。最近は、定年退職後に牧師を志し、一定期間の学びを終えて牧会生活に入る人も増えてきた。すでに「円熟期」に入っている牧師である。しかし、にもかかわらず、信徒の抱える個々の問題解決のための「正解」を牧師が一方的に提供できるなどと思ってはならない。

ロジャーズが提唱した「来談者中心療法」の基本的原理を思い出そう。すべての解決の鍵は来談者（ここでは、問題を抱えた信徒ひとりひとり）が持っているということである。もう少し私たちの牧会の現場に引き寄せて言い換えるなら、そうした信徒ひとりひとりと神様との間でこそ問題解決の道筋が明らかにされていくのであって、私たち牧会者は、その神様の不思議なわざに「立ち会わせていただく」恵みにあずかっているのだと言ってもいいだろう。それを可能とするために私たちがすべきは、「正解」を言い放つ以外の何かなのである。

問題の渦中にいる人々の多くは、その問題の大きさの前に圧倒され、自分を見失い、自分が今どのような状況にいるのか、今後どうなっていきたいのかなどについて、明確な「洞察」を持てないでいる場合が多い。

また、一方の牧師の側にも、あらかじめ用意された「既製服」のような解決方法があるわけではない。それぞれの問題はきわめて個別的だから、言うなればすべてが「オーダーメイド」なのである。

だからこそ、牧師は彼らの言葉に耳を傾ける必要がある。その言葉のひとつひとつに牧師が丁寧に耳を傾け、「共感」し、また相談者自身が気づいていない事柄を明確にして

「気づき」を与えることで、彼ら自身が神様に向かい合い、それまで本人が想像もしていなかったやり方や考え方を与えられて問題解決へと向かうのである。

語り、諭し、教えるということは確かに教師の仕事だが、それは、まず「聴く」ことが徹底的に実践された後でなされるべきことなのである。

全存在を受け止めて「聴く」ことの難しさ

さて、ひとことで「聴く」と言っても、事はそれほど簡単ではない。

私たちは毎日、無自覚的におびただしい量の音を「聞いている」。雑踏の中、バスや電車の中では、大勢の他人の話す言葉が耳に入ってくる。それらを私たちは毎日「聞いている」が、それはただ耳に入ってくるだけの音であって、人の話を「聴く」こととは根本的に異なる。

私たちは、課題を抱えてやって来る信徒の言葉を「聴く」のである。それは、自然に耳に入ってくるものをただ漫然と受け止めるのとは違い、自分の前にいる人間の全存在を受け止め、「今、ここで」しか起こりえない出会いの中に身を置きながら、彼らが語る言葉に耳を傾けることなのである。

だから、それは容易なことではないし、何かしら無自覚的に可能となることでもない。常に「聴いている」自分を自覚しつつ「聴く」ことが必要なのである。とりわけ、「聴く」という行為を阻害するいくつかの要因については常に意識している必要があるだろう。

察しが良すぎても駄目

「それくらい察しろよ」と言われることがある。確かに、言わず語らずのうちに他人の思いを「察する」この国の文化は素敵である。しかし、いざ「聴く」ということになると、この「察し」の良さが、きちんと「聴く」ことを阻害することもある。

相手の思いを察するとは、言外の意味を聴き取ることにほかならない。実際には言っていないことから、その背後にある意図を汲み取るというこの「美しい」行為は、時として聴き手の思いを語り手に大きく投影してしまい、本来の相談者の意図を聞き逃すことにもなりかねないのである。

相談に来た信徒が「実は最近、離婚して……」と話し始めた瞬間に、「ははあ、そういう家の子どもは、親に反抗して不登校気味、生活がたいへんだから家の中は暗くて」と「察して」、その「線」で話を聴こうとする。しかし、実際には離婚していても、父親と子どもの関係は良好で、両親は資産家で生活には全然困っていないということだってある。想像力は大切だが、あまり先走った「察し」は時に相手の言葉を正しく「聴く」ことを阻害する。まっすぐに「聴く」ことが大切である。

リハーサルは楽屋で

関西人は一般に人の話を聞いていない。四、五人で話をしている時も、彼らの頭の中は、「次にどんだけ面白い話をしたろうか」という思いでいっぱいである。他人が熱心に話をしている時には、いちおう興味ありげに話を聞くふりをしているが、実際には自分のネタを頭の中で「リハーサル」しているのである。

しかし、これは関西人に限ったことではない。面白い話の「リハーサル」でなくても、牧師が信徒の話を「聴いている」時に、次に自分が何を言おうかと思いめぐらす「リハーサル」なら、よくある話だ。私たちは聖徳太子ではないので、「リハーサル」中は人の話をちゃんと「聴けてはいない」のである。

何も言葉が出そうになければ、出なくていい。次に何を言うかに心を奪われて、目の前にいる人の言葉に心を向けられないぐらいなら、そんな「リハーサル」はしないほうがいいのである。

「裁くな」

イエス様が教えられたこの言葉は、「聴く」時にも有効である。

説教で繰り返し「人を裁いてはいけません」と言っているにもかかわらず、牧師自身が信徒を裁くことは珍しくない。相談に来た信徒が、「実は夫のある女性を好きになってしまいました」などと言おうものなら、牧師は顔を真っ赤にして、「なんという罪深いこと！」と言うかもしれない。

いや、それほどあからさまに「裁かない」としても、「おやまあ、それはいったいどうしたわけで」と聞くぐらいはするだろう。文章で書くと分かりにくいが、たいていこの言葉は純然たる質問ではない。この牧師はこの問いによって、「いったい全体、どういうわけでそんな恥さらしなことになっているのだ!!」と「裁いている」のである。

牧師が自分の信仰に根ざした強い倫理観を持っていることは正しいことだ。その倫理観に照らして信徒を「指導」することも、その職務の中にあるだろう。しかし、課題を抱えてやって来た信徒に対しては、まずは裁かずに「聴いて」ほしい。彼らはおおむね、すでに十分裁かれてきたか、自分で自分を裁いてきた人である。

「救い」を求めてやって来た人々を、最初のリアクションで裁いてしまったら、彼らはおそらくもう何も語らないだろう。語らなければ、「聴く」ことはできない。だから、辛抱強く、自分の内側にわき上がるさまざまな裁きの声を抑えて、ただ相談者の言葉に耳を傾け、彼らの世界に入っていくことが必要なのである。

「分かる」って簡単に言わないで

「聴く」ということの基礎には「共感」がある。課題を抱えて苦しんでいる相談者を前にして、そのひとこと、ひとことに耳を傾けることで、彼らの悲しみや苦しみ、喜び、驚きに心を共振させ、深い共感へと至ること、それが「聴く」ということの本質である。

だが、忘れてならないのは、私たちの体験はそれぞれがまったく個別的なものであるということだ。私たちそれぞれが人生の中で経験することは、確かに多くの共通点を持っているが、それらの中にまったく同じものはないのである。

だから、似たような経験をしてきたからと言って、牧師が安易に「分かる」と言うのは禁物である。それは、彼らの苦しみや悲しみを「一般化」によって矮小化することになるからだ。

「同一化」とも呼ばれるこうした行為を、私たちはわりと簡単にやってしまう。しかも、それは良いことだとさえ思っているのである。

たとえば、深刻な胃ガンを抱えて不安におびえている相談者に対して、「胃ガンですか。それはたいへんですね。いやね、私も昔、ずいぶん長い間、胃潰瘍をやったことがあって。あれは苦しかったです。分かるなあ」と言ったりする。

「ありえない」？　そうだろうか。相談者の経験に何かしら近いものを自分の経験の中に探して、それを手がかりに相談者との距離を詰めようとするこうしたアプローチは、無自覚的な「聴き手」の常套手段である。

苦しみの渦中にいる相談者に対して、自分の経験を一切話してはならないとは思わない。それは時として相談者を励まし、力づけるだろう。しかし、安易な「同一化」は、しばしば個々人が持っている固有の苦しみや痛みをその人から奪い去ることになる。すなわち、そのことによってそれらを別のコンテキストに置いて普遍化し、「ああ、分かりました。これですね」と言い、類型化するようなものなのである。

個々人の悲しみ、苦しみは、その人だけのものである。それを彼らから奪い取ってはならない。唯一無比の物語として、彼らの言葉を聴いていきたいのである。

＊　＊　＊

「聴く」というのは、なかなかたいへんな作業である。しかし、「どんな気のきいたことを言ってやろうか」とか「どうしたら自分が相談者を変えられるだろうか」といったことに心を奪われることから解放されて、目の前にいる相談者の中に神様が働かれるのを見せていただくという思いで、「まあ、とにかく聴いてみよう」と開き直るなら、それはそれほど苦痛な作業ではないはずだ。私たちは、そこで神様のなされる不思議なわざの「目撃者」とさせていただくのだから。

教会のパワハラ

牧師とパワハラ、モラハラ

「私は瞬間湯沸かし器ですから、すぐカーッとなって怒りますが、すぐまた収まってしまうんです。だから、あとには何も残りません。スッキリなんです」

そう自慢げに話される方が時々おられる。しかし、「何も残っていない」のはおそらく本人だけで、怒鳴られた相手は死ぬまでそのことを忘れなかったりする。

牧師と言えば、身体的な暴力はもちろん、大声を上げることもない温厚なタイプを思い浮かべる方が多いと思うが、実際にはそういう牧師ばかりではない。統計をとったわけではないが、あちらこちらの信徒の方々の声によれば、このような怒りっぽい牧師も決して少なくないのである。

さすがに信徒に手を上げる牧師というのはあまり聞かないが、信徒を大声で怒鳴りつける「かつて」の牧師たちの「伝説」はいろいろな教会で残っているし、現在でも、役員会の席上、大声で信徒を恫喝する牧師はいる。広い意味での「言葉の暴力」と見なされるケースである。

また、このような比較的知覚されやすい「暴力」とは異なり、静かに、しかし陰湿に相手に深い傷を負わせるような、言葉・態度をもって行われる「暴力」も存在する。

こうした教職者が信徒に対して行う「暴力」については、これまであまり問題視されてこなかったように思う。それは、「教会はいわゆる『外』の世界とは違う原理で動いているのだから、『外』の世界の論理は適応されない」という、ある種の「了解事項」によって、信徒も牧師もなんとなく納得してきたからではないだろうか。

しかし現在は、「激昂型」牧師をただ「伝説」としてすませられるような時代ではない。とりわけ人権問題について敏感であるはずの教会では、牧師も信徒もこうした「暴力」についてもっと敏感になっていかなければならないのである。

前者の、知覚されやすい暴力は「パワハラ」（パワー・ハラスメント）と呼ばれ、後者はしばしば「モラハラ」（モラル・ハラスメント）と呼ばれる。これらは今、企業や大学などで大きな問題となっているのである。

信徒のパワハラ

こうしたパワハラ、モラハラを単純に教会に適用するならば、本来、教会でのパワハラとは、雇用者側である信徒から牧師へ行われる暴力ということになるかもしれない。そして、それは実際に存在する。

「嫌なら辞めろ」的な、雇用を背景とした、信徒からの言葉による暴力を受けている牧師もいる。教会総会で牧師を批判する発言が、職務上の範囲を逸脱して「人格攻撃」となっているケースを見ることもある。これらは、信徒から牧師に対する、力関係を背景とした「暴力」と見なすことができるだろう。

牧師のパワハラ

しかし他方、こうした「この世」の構造とは違う、「聖職者vs.信徒」という構図で教会を見た場合には、これらの力関係は逆転する。教会を牧し、神の言葉の宣教のために教会に召された牧師は、この構図の中では権威を持ち、信仰の世界においては力関係の「風上」に立っているのである。

本来的にそうであるべきだと言っているのではない。牧師は信徒ひとりひとりに仕え、奉仕をするために召されているのであり、教派的伝統によって教職観が異なるとはいえ、プロテスタント諸派においては、「牧師が本質的に信徒とは違う種類の人間で、信徒よりも神に近い」などと主張する教会はないはずである。

しかし、それにもかかわらず、現実的には教会において、しばしば牧師は信徒に対して「力」を持っている。正確に言うなら、牧師が持つ司祭的な役割のゆえに、霊的な意味での「力」を持っていると受け止められている場合が多いのである。だから、牧師が信徒を大声で怒鳴りつけることは、単なる「言い合い」ではすまされない。霊的力と権威を背景とした言葉の暴力＝パワー・ハラスメントになる可能性があるのだ。

もっとも、「自分たちの役員会は、牧師と信徒の力関係が一〇〇％対等だから、たとえどんなに罵り合ったとしても、それはフェア・ゲーム」と確信しているのであれば（教会の役員会の品格は別として）、それは「自己責任」だろうが、実際にはそのような「対等」な関係は牧師と信徒の間では稀なのではないだろうか。

ケース1　牧師のパワハラ――牧師vs.信徒（実話ではありません）

Ａ牧師は三〇代後半で、地方都市の中規模教会に赴任して二年目である。ほとんどの信徒が、役員を含めて自分より年長者であるが、東京の大教会の副牧師として働いてきたキャリアもあり、着任早々から自分の色を出しながら教会をリードしてきた。

ある日の役員会で、牧師が提案した二四インチ・モニター付きの新型パソコンの購入について議論をしていたのだが、なかなか牧師の思いどおりに話が進まない。とりわけ、昨今の献金収入の減少が気がかりな会計役員のＢさんは購入に反対の立場だ。審議が暗礁に乗り上げた時、Ｂさんは思い切って発言した。

「先生、二年前に購入したパソコンはまだ使えますよ。今はむしろ、礼拝堂の壊れたエアコンの買い替えのほうが先ではないでしょうか」

それを聞いたＡ牧師は、顔を真っ赤にして怒鳴り出した。

「Ｂさん。あなたは牧師の仕事を何だと思っているんですか。牧師を支えるのが役員の仕事でしょう。二一インチでは画面が小さすぎるんです。あなたの信仰が問われているんですよ。祈りが足りないから、そんな発想が出てくるんです。そんなのでは役員の資格なしですよ」

Ｂさんはそれ以来、礼拝に出なくなった。最近はなかなか眠れない夜が続く。会計上の議論をしていたのに、自分のキリスト者としての信仰について牧師から攻撃を受けたことに、どうしても納得がいかなかったのだ。

こんな牧師はいないと思われるだろうか。もちろん、これは架空のケースである。しかし、会議などで自分の思惑どおり議論が運ばないと見るや、議会運営手続きをすっ飛ばした「強権発動」をすることはないだろうか。そして、それが単に議論の誘導という域を超えて、牧師から反対者に対する霊的攻撃となった場合、また、それが牧師の「権威」に寄りかかって行われる時、それは、しばしば私たちが「カルト的マインド・コントロール」として批判してきたものとなり、ここで言う「パワー・ハラスメント」と見なされる場合があるのだ。

ケース2　牧師のモラハラ――牧師vs.信徒（実話ではありません）

主任牧師として都市部の中規模教会に長らく仕えてきたC牧師は、牧師館兼集会室のための隣家購入問題で悩んでいた。

隣家購入に際しての財政的な裏づけは十分にあり、礼拝後の集会にそこが利用できれば、これまでのように礼拝堂の椅子をいちいち片づける必要がなくなるなど、メリットが大きいと考えて、C牧師は購入に積極的であった。しかし、信徒の高齢化に伴う財政規模縮小の中での大きな支出には、信徒の大半が消極的であった。

何度か全体集会を開いて議論をしても、少しも事態が前進しないことに業を煮やしたC牧師は、表面上は穏やかに、決して信徒を怒鳴りつけるようなことはしなかったが、それとは別の方法で信徒に反撃を加え始めた。

まずは毎週の牧会祈禱の中で、「あなたからの招きを受けながら、隣家購入に消極的な私たちの罪をお赦しください」と祈るようになった。礼拝説教では、はっきりと分かるかたちで、隣家購入に反対する特定の信徒の信仰生活を批判する発言を、聖書の言葉を背景にして語るのである。また、同様の立場をとる信徒を突然、委員会のメンバーから外したり、教会で会っても、あからさまに無視するようになった。

それに気づいた信徒の何人かが、「先生、ああいうことはやめてください」と言っても、「え、何のこと。私はただ主の御用を忠実に行っているだけです」といっこうに取り合おうとしない。役員の中には他教会の牧師に相談をする者も出てきて、もはや教会内部では事態を収拾することが困難になってきた。

これはある種のモラル・ハラスメントである。スピリチュアル・ハラスメントと言ってもいいだろう。牧師は、自分の意見に反対する信徒にあからさまに怒りを向けたり、恫喝したりすることはない。しかしその裏で、牧会者の権威を利用して、信徒が決して反論できない説教や祈りの場で、静かに、かつ陰湿に、自分に反対する信徒に攻撃を加えている。また、「ネグレクト」と呼ばれる手法で特定の信徒を「外す」、あるいは無視する、または挨拶はするが、はっきりと分かるような「他人行儀」な冷淡さで接するなどして、反対者を「霊的」に蝕んでいくのである。

ケース3　牧師のモラハラ、パワハラ——牧師vs.伝道師、副牧師（実話ではありません）

地方としては比較的信徒数の多い教会に伝道師として赴任して二年目のD伝道師は、最近、息苦しさを感じている。主任牧師のE先生は、そろそろ引退の時期を迎える年齢のベテラン牧師である。D伝道師から見れば、E牧師は基本的に、ひとりの信仰者としても、牧師としても大先輩であり、尊敬できる人物だ。しかし、D伝道師には時々、E牧師の発言や態度がたまらなく威圧的に感じられて、逃げ出したくなることがある。

その教会では、月曜日が伝道師の休みにあてられている。まだ神学校を出たばかりのD伝道師にとっては、月曜日が唯一「羽を伸ばせる」日である。

ある月曜日のこと。久しぶりの休みだったが、朝早くから起き出して、好きな本屋巡りをし、コンピュータ・ショップを冷やかし、夕方には古くからの友人たちとの「飲み会」に参加した。久しぶりにゆっくり飲んで語って、学生時代なら朝まで「カラオケ・オール」と行きたいところだが、そこは社会人である。午後一〇時過ぎには教会へ戻ってきた。

その時である。教会の敷地へ続く門の前で待っていた主任牧師のE牧師が近づいてきて、「何時だと思っているんだ。伝道師はいかなる時も伝道師なんだ」と、低い声で、しかし言い渡す調子で言った。さらに、「こんなことが続くようなら、今後は月曜日は外出禁止だ」とまで言われてしまったのである。

それ以来、D伝道師は仕事場での一挙手一投足を監視されているようで、何をやってもビクビクするようになった。最近では、着ている服の色や、伝道師館の中が片づいていないことまで注意されるようになり、同期の伝道師に、「これってプライバシーの侵害じゃないかな」とこぼすようになっている。正教師試験まであと一年あるが、もう一年ここで続けるかどうか、D伝道師は悩んでいる。

おそらくこのE牧師は、自分のところに遣わされてきた伝道師を一人前の牧師に育てようという一心で、D伝道師にこうした態度をとったのである。彼をいじめる気持ちなど微塵もなかったはずだ。E牧師は、自分がかつて伝道師だった頃のことを思い出し、かつて自分が主任牧師から受けた指導などをイメージしつつD伝道師に向き合っていたのだろう。

一方のD伝道師からすれば、週に一度の休みをどのように使おうと、それは個々人の自由に委ねられているはずだし、自分の部屋の中のことまで云々されたのではかなわないと思っているのである。

よく、「最近の伝道師は辛抱が足りない」というつぶやきが年配の牧師たちの間から聞かれる。その指摘がまったく見当はずれとは思わないが、やはり人々の意識が時代の移り変わりとともに変わってきたことも事実である。「牧師は公人なのだから、そもそもプライバシーなどというものは存在しない」というのは、牧会に出始めた多くの現代の若い伝道師たちには理解しにくい考え方ではないだろうか。そのことを理解しないで、強引な指導をし、私生活に介入しようとすると、これもまた主任牧師のパワハラやモラハラと受け止められかねない。

訓練を受ける伝道師も、少しずつ牧師の世界のルールを身につける必要があることには間違いないが、事を急ぐと大きなトラブルとなり、場合によっては大切な伝道者を失う結果にもなりかねない。昨今は、指導する側もそうした問題に対して慎重でなければならないと思うのである。

まとめ

パワー・ハラスメントやモラル・ハラスメントは、牧師から信徒、信徒から牧師、牧師から牧師のほか、今回は取り上げなかったが、教会内部での信徒から信徒へのものまで含めて、さまざまな組み合わせで起こりうる。その点では、私たちすべてがこの問題について自覚的でありたい。

中でも、霊的指導者である牧師は、自らに（好むと好まざるとにかかわらず）賦与されている「霊的権威」にとりわけ無頓着であってはならない。それは適切に機能すれば、牧会にとっての素晴らしい力となるが、他者をコントロールし、支配するためにそれが用いられる時、それは最も危険で破壊的な力となるからである。

お連れ合いはノンクリスチャン

二代目はクリスチャン

以前、「二代目はクリスチャン」という映画を見たことがある。クリスチャンである主人公がヤクザの組長の妻となるのだが、組長の死後、その後を継いで組を率いていく……というような話だったと思う。

わりあいと興行的に成功したと言われるこの映画の「キモ」は、やはりその設定の「奇想天外さ」にある。「クリスチャン」と「ヤクザの組長」という、本来、水と油のように思われるものをひとりの女性の役柄に重ね合わせたところにこの映画の特異性があり、面白みがあるのだ。

しかし、ことが自分たちの教会の身近な問題になってくると、私たちはそうそうあっけらかんとその「意外性」を面白がったりはできないものである。「二代目はクリスチャン」ではないが、「牧師のお連れ合いはノンクリスチャン」だったりするのである。

「牧師夫人」というオシゴト

以前、別のところで「『牧師夫人』などという職業はないのだ」と書いたことがある。教会は牧師を招聘するのであって、牧師ひとり分のサラリーで「もれなく『牧師夫人』がついてくる」というような、アメリカのお店でよく見かける〝Buy One, Get One Free!〟（ひとつ買えば、もう一個はおまけします）みたいな考え方はよくないのではないか、そもそも「牧師夫人」という機能を教会が想定しているのであれば、やはりその方も有給で雇用すべきであろう、というような趣旨のことを書いたのだ。

ただ、紙面が限られていたこともあって、いくぶん一方的な書き方になったようにも思うので、改めてこのことについて書いてみることにする。

「元牧師夫人」からの手紙

実はこの記事（新聞の連載だった）が掲載された後で、「元牧師夫人」と名乗る、ある年配の女性からお手紙をいただいた。配慮に富んだ内容であって、決して私の記事に対する一方的な批判ではなかったが、そこには、静かな、しかし確信に満ちた「元牧師夫人」としてのご意見が述べられていた。

彼女は、牧師であったお連れ合い（すでに召天しておられる）の「牧師夫人」として一緒に働いた数十年を少しも後悔していないこと、自分は牧師を支え、信徒の方々から「牧師夫人」と呼ばれることに誇りを持ってきたし、何よりもそうあることが自分の人生の最高の喜びであったことなどが書かれていた。

「ですから、牧師と牧師夫人とは二人三脚なんですよ」と述べた後で、「しかし、時代は変わりました。最近の牧師のお連れ合いさんたちは、確かに私たちの時代とは違っておられるのでしょうね」という言葉でその手紙は締めくくられていたのである。

ある「元牧師夫人」の言葉

私はこの女性の手紙を読んで、新聞連載でこの問題を取り上げる時に紙面の都合上割愛したエピソードを思い出した。それは、私が伝道師として初めて赴任した東京の教会におられた高齢の「元牧師夫人」の言葉だった。

「先生、今はね、信徒さんが亡くなったら、たいていはお葬儀屋さんが来て、ご遺体を運んでいって、どこかできれいにしてくださるでしょう。でも、私と夫の頃はね、信徒さんが亡くなったら、自分たちでその方のお身体を清めたものでしたよ。ある時なんか、とっても立派なお家の若いご夫人が亡くなったんだけれど、病気のために体中からひどい臭いがしてましてね。それで、ご家族の方さえ近づけない。ですから、私と夫が参りましてね、丁寧に湯灌をしてさしあげました。あの頃はみんな、どこでもそうしていました。牧師と妻はそうやって、どこでも一緒に仕事をしていたものですよ」

彼女のこの言葉は、その後もずっと私の中に留まっていた。彼女の「牧師の連れ合い」としての生き方には、ただただ頭が下がる思いがしたからである。

だから、誤解のないようにここで強調しておきたいことは、「牧師のお連れ合いとして、召命感を伴って自覚的にその期待されるところの（場合によってはそれ以上の）役割を自ら進んで果たそうとする人々」はこれまで存在していたし、今も存在しているし、これからも存在するのだろうということなのである。そして、それ自体は何ら非難されることではないし、しばしば教会にとって素晴らしい働きとなってきたのである。

私、「牧師夫人」はやりません！

ただ問題は、このような「召命感」を今、牧師のお連れ合いの全員が持っているわけではない、ということなのである。

以前招かれた結婚式の後に開かれた披露宴でのこと。将来、牧師になろうとしていた男性と結婚した新婦がこう語ったのだ。

「私はひとりの人間である○○君と結婚したのであって、○○牧師と結婚したわけではありません！　だから、お願いします。私を『牧師夫人』という変な名前で呼ばないでください。私には○○という名前がありますから、『○○さん』と呼んでほしいのです」

居並ぶ教会員を前にして、彼女はにこやかに、そしてきっぱりとそう宣言したのである。

これについては後に、別の教会のある女性教会員の方から、「そういう人は牧師と結婚すること自体が間違っている」というご意見をいただいたことがある。

彼女によれば、自分もかつて、将来、牧師になる人物から「結婚してほしい」と言われたことがあったのだが、自分にはどうしても、いわゆる「牧師夫人」としての務めを果たすだけの覚悟がなく、結局、その男性とは結婚しなかった。だから、もし牧師と結婚しようとするのであれば、自分も「牧師夫人」としての役割を引き受けるだけの覚悟がなくてはならないはずであり、そういう覚悟のない者はそもそも結婚すべきではないというのである。

彼女自身の決断については、これもまた一理ある話である。ただ、自分も「クリスチャン」ではあるものの、牧師の連れ合いになったからといって「牧師夫人」というレッテルや期待に添うつもり（覚悟？）はないと考える人々がいることも事実なのである。そうなると、そういう人々の決断もまた受け止めていかねばならない。

お連れ合いはノンクリスチャン

それでも、これはいちおう、牧師のお連れ合いが「クリスチャン」のケースである。しかし最近は、男性教職の妻が「ノンクリスチャン」というケースもちらほら見受けられるようになってきた。こうなると、「牧師夫人」がどうのといった次元の話ではなくなってくる。祈禱会や婦人会はおろか、日曜日の礼拝にすら出てこない牧師のお連れ合いがいるのである。

いや、「ノンクリスチャン」という言い方も、もはや不適切であるようなケースも出始めている。牧師のお連れ合いが「異教徒」であるケースである。単に「クリスチャンでない人」ではない。ほかの宗教への信仰をしっかりとお持ちのお連れ合いが、ご自分の立場を明らかにされた上で、牧師館で牧師の家族として生活をするようになれば、事態はさらに深刻になるだろう。

「牧師夫人」に過度な期待は禁物

そういうわけで、もう教会が牧師のお連れ合いに過度に期待をすることも、牧師のお連れ合いがそういう過度な期待に応えようとすることもやめたほうがいいのではないかと私は思う。

教会の信徒が「牧師夫人」に期待することの筆頭は（アンケートをとったわけではないが）おそらく、「いつも牧師館にいて、牧師がいない時には、電話に出たり、信徒が訪ねてきた時には応対したりしてほしい」ということではないだろうか。しかし、これも無茶な話である。

今回は、牧師＝男性、お連れ合い＝女性という、かなりステレオタイプの牧師館像をあえて描いているのだが、もし牧師が女性で、そのお連れ合いが男性の場合であったらどうだろう。教会は、この男性であるお連れ合いに「牧師夫人」の役割を期待するであろうか。仕事もせずに牧師館で一日うろうろして、電話をとったり、信徒が訪ねてきた際にお茶を出したりしたら、信徒はどう思うのだろうか。おそらく、「どうしてこの人は仕事をしていないんだろう」と思うのではないだろうか（私個人は、そういうのもアリだと思っているのだが）。

ところが、牧師のお連れ合いが女性の場合、仕事を持って教会の外で働くことについては、不思議なほどに否定的な信徒が多いように思う。女性も含めて、すべての人の人権を守ることを聖書から聞き、礼拝でもそれが語られ、しばしば集会の主題にのぼる教会という場で、牧師のお連れ合いが自分の決断で仕事に行くということになると、いきなり「それは困ります」というのは、なんとも奇妙なことではないか。

また「牧師夫人」には、牧師の「相方」として、教会全体の「母」であってほしいという思いもしばしば聞かれる。

ずいぶん前のことになるが、牧師のお連れ合いの集まりがあって、その席で、教会に赴任したての若い牧師のお連れ合いがこんなことを語っておられたことが今でも忘れられない。

「夫が教会に赴任した最初の日に、役員さんから、『あなたは教会のマリア様ですから、そのことを忘れないでください』と言われ、あまりの重圧に泣き出してしまった」

これを読んで、「そんな覚悟がないのなら、牧師と結婚するな」と言われるかもしれない。しかし、そんなことを言っても始まらないのである。そんな覚悟とは関係なく、ひとりの男性と恋愛をして、結婚をして、教会にやって来る牧師の家族がいるのである。

もちろん、教会のほうが「そういうお連れ合いと一緒の牧師だったらお断りだ」という選択をすることだってあるだろう。しかし、よく考えてみると、それはまったく的外れなのである。教会は牧師を招聘するのであって、そのお連れ合いを招聘するのではないからだ。

こう言うのは、「お連れ合いは『刺身のつま』のようなものであって、数のうちに入らないから」というのではまったくない。その真反対である。たとえ牧師のお連れ合いとして牧師館に移ってきたとしても、その方は、牧師であるお連れ合いとは別個の独立した人格を持っており、当然、ふたりがさまざまに交差する人生を描きつつも、究極的には異なる人格として互いが互いの人生を生きていかれるのである。

だから教会は、招聘した牧師に対して自分たちの期待をかけることは許されても、そのお連れ合いの人生をコントロールすることはできないし、すべきではないのである。ただその方が、お連れ合いである牧師と二人三脚で牧会の一端を担っていくという「召命」を感じておられる場合にのみ、教会はそのことを受け入れるかどうかについて考慮すべきなのである。

牧会的な言葉で伝えよう

ただ、その伝え方には注意したい。地方教会に赴任することになったある牧師が、招聘委員との顔合わせの席で、自分の妻を守らなければという思いと緊張感から、ややケンカ腰となり、役員の方に対してこんなことを言ってしまったという。

「私の妻は私の妻であって、教会と結婚したのではありません！　ですから、『牧師夫人』と呼ばれるのも迷惑ですし、教会の仕事も一切させません！」

そのことがずっと尾を引き、牧師と教会の関係がギクシャクしたものになったケースがある。

先に述べたように、長い日本の教会の歴史の中で培われてきた独特な「牧師夫人像」のようなものが厳然と教会の中にあることは事実である。それらは教会の中で多くの尊い働きとして機能してきたし、今もそうなのである。だから、それらは単に「古くさい考え」と笑い飛ばされるたぐいのものではなく、現状との摺り合わせの中で、互いに少しずつ歩み寄っていかなければならないものなのである。

どんな正論も、伝達の仕方を間違ってしまっては、その「正しさ」がちゃんと伝わらないこともある。クリスチャンのお連れ合いであれば、「教会の一員に加えていただき、皆さんと共に信仰の歩みをさせていただきます」と言えば、前述の意味のほとんどをカバーしているだろう。また牧師は牧師で、「……しません。……ではありません」という否定的で、時には暴力的となるような言葉づかいではない伝え方を学ぶことも必要なのである。

隔ての中垣を取り除いて

では、「お連れ合いはノンクリスチャン」だったら?

私がアメリカ留学時代にC・S・ソン先生から聞いた、「神はクリスチャンを創造したのではありません。すべての人間を創造したのです」という言葉を思い出す。そして、「隔ての中垣を取り除いて」くださるキリストが私たちの中にお立ちになる場が教会であるのなら、「クリスチャン」「ノンクリスチャン」という区別を超えて、むしろ、そのような「意外性」を豊かさとして受け入れ、互いに歩み寄ることができるのではないだろうか。

あの方はここにはおられない

牧師の交代が及ぼす影響

マタイによる福音書二八章一節以降には、イエスの十字架刑の後、墓を訪れた女性たちに対して天使が、「恐れることはない。十字架につけられたイエスを捜しているのだろうが、あの方は、ここにはおられない」と告げたとある。ここでは、女性たちは死人の中にイエスを捜そうとするが、もはや復活したキリストと彼女らとの関係は更新され、以前のような関わりではなくなっていたことが示されている。

すでに関係が変わり、そこにはいないはずの人物を、かつてその人が属した場所や立場の中に捜そうとすることは、教会の中においても珍しくない。とりわけ、牧師の交代時にそれは顕著なのである。

この「牧師の交代」というのは、教会にとっての一大事である。会衆中心の教会形成を標榜する教会でさえ、「牧師の交代」が教会に及ぼす影響を無視することはできないであろう。

前任牧師が教会を去り、後任の牧師がやって来る。この未曾有の「変化」は、しばしば教会に大きな動揺と混乱とをもたらす。そして、この「変化」に耐えきれず、時として会衆は、すでにそこにはいないはずの前任牧師を新しい牧会体制の中に捜そうとする。

それだけではない。すでにその教会に対する牧会上の責任がないはずの前任者が、なお前任教会に関わろうとする場合もある。こうしたことによって、教会内の動揺と混乱はよりいっそう深刻なものになるのである。

牧師が教会を去る場合には、①牧師が天に召される、②牧師が隠退する、③牧師がほかの教会へ転任する、のおおむね三つのケースが考えられる。それぞれに現れてくるかたちは違うが、そのいずれの場合にも、先に述べたような混乱と動揺は起こりうるのである。

牧師が天に召された場合

会衆にとっては、三つの離別の中で、①のケースがいちばんつらく、とりわけ、それが会衆の誰もが予期しないかたちで起きた場合には、その出来事が会衆に与えるであろう衝撃は尋常ではない。

　それだけに、そういうかたちで牧師が教会を「去った」場合には、会衆がそれを受け入れることは容易ではない。近親者の死別を経験した者の多くが、死後も死んだはずの近親者の存在を身近に感じたり、「そんなことをしたら、きっと○○が悲しむよ」というような発言をしたりするように、教会においても、「死別」して、もういないはずの牧師の影響力が長く残ることがある。

　「転任」や「隠退」の場合とは少し違い、召された牧師がその教会において「神格化」されることも珍しくない。死後も会衆の中にその牧師の生前の振る舞いや言葉が大切にされること自体は悪いことではないだろうが、それが信徒の内面にとどまらず、教会内で何らかのかたちで永続的に「制度化」されるとなると、後任の牧師が赴任してきて会衆との間に新しい牧会上の関係が始まった時に、それは円滑な教会形成を疎外する要因になりうるのである。

牧師が隠退して教会を去る場合

一般にストレスの最大の原因は急激な環境の変化だと言われるが、牧師も例外ではない。牧会の対象たる会衆を失うという「劇的な変化」に、隠退した牧師のすべてがすぐに順応できるわけではないのである。そこで、こうしたストレスを和らげる方法として、彼／彼女らが行う対処法のひとつが、隠退後も、すでに辞したはずの教会の会衆の牧師として振る舞うことなのである。

問題が複雑なのは、変化をストレスと感じるのは牧師の側だけではないことだ。会衆の側にとっても、長年、教会生活を共にしてきた牧師が隠退し、新しい後任の牧師がやって来るという「変化」は、大きなストレスになりうるのである。両者のそんな「利害関係」が一致すると、教会は大きな挑戦を受けることになる。

ケース1（実話ではありません）

比較的人口の集中する都市部に位置し、高齢者が中心の教会に、A牧師が赴任してきた。

前任者が信徒としてその教会の礼拝に出席していると聞かされてはいたが、さほど気にも留めていなかった。というのも、赴任前、招聘委員との面接でその前任者と会った時、A牧師に対して非常に支持的で、「今後は一信徒としての務めを忠実に守る者となりたい」と語っていたからだ。

実際、赴任後しばらくは何の問題もなかった。隠退した前任者は自分のために祈り、支えてくれていると感じられたし、自分の牧会方針について注文をつけてくることもなかった。

ところが、しばらくして信徒のひとりから、前任者が数人の信徒と一緒に自宅で聖書の勉強会をしていると教えられた。さらに、そこで自分の説教の批判めいたことが話されていると、その信徒は付け加えたのである。

A牧師はそれ以来、朝礼拝の説教の準備に悩むようになった。自分の牧会のやり方についても、その会で話題になっているのかと疑心暗鬼になったのである。

その後も前任者は親切だし、礼拝で出会ってもにこやかで、批判めいたところは少しもない。しかしA牧師は、前任者に対しても、会衆に対しても、少し自己防衛的になっている自分を感じている。それでも、前任者とその問題について話し合うことは困難だと思っているのである。

前任者のこうした行為すべてが問題であるというのではない。ただ、教会や現任牧師との合意なしのこうした行為は、教会にとっての「脅威」となりうると思うのである。

牧師が転任して教会を去る場合

教会にとっても牧師にとっても最も一般的な「教会の去り方」は、転任であろう。

これまで自分たちの教会で牧会の任を担っていた牧師は、今やほかの会衆の牧会の任を果たすために旅立っていく。入れ替わりに、新しい牧師が自分たちの教会にやって来る。「新しいぶどう酒」をやや「古い革袋に入れる」ような状況の中で、しばらくは双方の調整が必要である。

そうこうしているうちに、すでに別の教会の牧師となった前任者の「説教」や「振る舞い」、「牧会」、「役員会運営の仕方」、果ては「服装」や「食べ物の好み」までが懐かしくなる。時には、必ずしも円満とは言えなかったはずの別れであっても、今となってみれば、それらがすべて懐かしく思えることさえあるのだ。

一方の牧師も、自分が数十年も苦楽を共にしてきた前任地の教会のことを思わぬ日はない。後任牧師が来ても、ちゃんと信徒を大事にしてくれているだろうかと「いらぬ心配」をする。

そうした双方の思いから、すでに他教会に遣わされているにもかかわらず、前任牧師が前任地の牧会に関わり続けることが、時として現任牧師と教会との間に深刻な摩擦を引き起こすことがある。

ケース2（実話ではありません）

地方都市に位置する小規模教会の信徒であるBさんは、近ごろ教会で牧師と顔を合わせづらいと感じている。

二〇年以上もこの教会の牧会を担っていたC牧師が、みんなに惜しまれて関西の教会へ赴任していったのは今年の三月末のことだ。わりあいと急な転任話だった。入れ替わりにその教会にやって来たのは、若い伝道熱心なD牧師だった。Bさんはその牧師がとても気に入っている。説教のスタイルはC牧師のそれとは異なるが、それもまた新鮮な思いで聴ける要素となった。

ところが、D牧師の赴任直後に、長年、C牧師のもとで信仰生活を続けてきた自分の母親が高齢で亡くなったことが、思わぬ困惑の種となったのである。

「自分の葬儀はC牧師にしてもらう」と常々言っていた母親の気持ちを大事にして、Bさんは、前任者のC牧師に葬儀をお願いしたいと思う一方で、この四月から自分の教会の牧会を担当しているのは現任者のD牧師なのだから、やはり葬儀はD牧師にしていただくのが「すじ」だとも考えたからである。

悩んだ末、Bさんは結局、母親の気持ちに添うかたちで、前任者のC牧師に葬儀をお願いすることにした。その上で、「いや、それは現任のD先生にお願いしてください」ともしC牧師に断られたら、その時はスッキリとD牧師にお願いしようと思っていた。しかし、C牧師はむしろ「ぜひ」というぐらいの積極さで葬儀を引き受けたのである。

小規模な葬儀だったので、当日、D牧師に何かを担当してもらうこともなく、D牧師はただ葬儀に参列するだけだった。それ以後も、特にD牧師との間に何も変わったところはないのだが、Bさんはちょっとと D牧師に対して後ろめたい思いを持つようになった。しかも、近々挙げる予定の自分の結婚式も、以前からの流れ上、C牧師が司式をするような雰囲気になっており、Bさんはどうしたらいいのか頭を抱えているのである。

葬儀は、母親の希望だったから仕方がない。結婚式も、教会学校の頃からの幼なじみが相手だから、前任者がするのはやむを得ない。そういうことが積み重なって、いつの間にやら、いったい誰がその教会の牧師なのか分からなくなる……などということも、あながち空想の世界の話ではないのである。

まるで楽屋の裏口から出て行くように

会衆も牧師本人も、ほかの教会へ転任していった牧師がもうその教会の牧師ではないと頭では理解しているはずである。だが、それにもかかわらず、前述のようなことが起こるのはなぜだろうか。それは案外と、牧師が教会を去る時に、牧師にも会衆にもその現実が明確にされていないからではないだろうか。

牧師が教会に就任する時には、近隣の教会の信徒をはじめ、教区からも「役付き」の牧師がやって来て「牧師就任式」を行い、その牧師がその教会の牧師となったことを神の前で共に確認する。ところが、教会を去っていく際には、役員会や総会などの手続きはあるものの、送別の愛餐会を除けば、そうした会衆と牧師との間で取り交わされる「別れの式」めいたものはほとんど見られない。牧師が教会を去る時には、まるで役者が楽屋の裏口から出て行くように、ひっそりと去っていくのである。

離任式のすすめ

以前、ある先輩牧師から、アメリカの教会で実際に行われている「離任式」について教えてもらったことがある。いわゆる「就任式」の対となるような式だという。

そこで、アメリカの会衆派教会で牧師をしていた友人から、「離任式」の式文をメールしてもらった。以下にそのあらましを紹介しよう。もしかしたらこれが、こうした問題を解決するヒントになるかもしれないからである。

司式者 ○年○日、私たちの教会は○○を牧師（伝道師）として招聘しました。

牧　師 私は、教会員と友の皆さんがこの○年間、私に示してくださった愛と親切と支えに感謝します。私は、自分の犯してきた過ちを皆さんに赦していただきたいと願います。また、皆さんが私の牧会を受け入れてくださったことを感謝します。私がここを辞するにあたり、ここで学んだすべてのことを心に携えてまいります。

会　衆 私たちはあなたの感謝を確かに受け取り、あなたを赦します。そして今、ここを去り、別の場所での牧会につくことを受け入れます。私たちは、あなたと共に過ごした日々に感謝し、私たちの犯した過ちを赦してくださるようにと願います。あなたが私たちの信仰と忠実さの上に与えたものは、たとえあなたがこの教会を去った後にも私たちの中に留まります。

牧　師　私はあなたがたを赦し、あなたがたの感謝を受け入れます。そして、私たちが共に過ごした日々を、神が喜んでくださっていることを確信します。

（ここで一同起立）

司式者　（会衆に向かって）あなたがた、○○教会の教会員は、この○○牧師をその牧師（伝道師）の任から解き放ちますか。

会　衆　神の助けによってその任から解き放ちます。

司式者　（牧師に向かって）あなたはこの会衆をあなたの牧会から解き放ちますか。

牧　師　神の助けによって解き放ちます。

この後、祈りと賛美がささげられ、以下のような祝福の祈禱で式は締めくくられる。

司式者　行きなさい。私たちの愛に包まれ、神の約束とイエス・キリストの臨在と聖霊の示しに導かれて。

おわりに

「就任式」があるのだから「離任式」だって……というのは安直にすぎるだろうか。しかし、何事にも始まりがあれば終わりがある。いつどこで牧会の関係が終わったのかを、牧師、会衆双方がしっかりと確認することで、互いに無用なトラブルを避けられるのであれば、あながちこうした試みも悪いものではないかもしれないと思うのである。

悲しみに寄り添う時

「泣く人と共に泣き、悲しむ人と共に悲しめ」（シラ書七・三四）。

牧会に関わる者で、この言葉の大切さを知らぬ者はないだろう。だが同時に、具体的な牧会の現場においては、この言葉に従って生きようとすればするほど、その要求がどれほど実践困難であるかを、我々は嫌というほど味わってきたのではあるまいか。

私たちを隔てている壁

どんなに悲しんでいる者の置かれている状況に自らを引き寄せ、その人々に「共感的」に関わろうとしても、それが究極的には「他人事」でしかないという厳然たる事実の前に、我々はしばしば打ちのめされる。圧倒的な喪失を経験して悲嘆のただ中にいる人々の気持ちを理解することは容易ではない。「相手の身になって」という言葉は理解できるが、自分でない他者になりきることは不可能である。

だから、悲しみのあまり、「こんな私の気持ちは誰にも分からない」と言い放たれると、「そうだよなあ、確かに」と納得してしまう。自分と他者との間には、互いを自由に行き来できないようにしている「壁」みたいなものが厳然とあることに気づくのである。

自分の経験をモデルとすることの危険性

自分が経験してきた悲しみを、他者の悲しみを理解するためのモデルとすることにより、他者の悲しみに自らを引き寄せることは、確かにある程度可能であろう。ただし、それが持つ限界については、十分認識しておく必要がある。

たとえば、愛する者を天に送った人々の悲しみは、自分も同じ経験をした牧師にとっては、何かしら馴染みのあることのように思われる。その人々の悲しみが「分かる」気がするのである。

しかし、その牧師が寄り添うべき人が失った「愛する者」は、実は「愛する者」という言葉で普遍化したり、その牧師がかつて失った「愛する者」と容易に同一視できるほど一般的な存在ではない。その人が天に送ったのは、「〇〇さん」という名前を持ったひとりの人間としてこの世に生を受け、ほかの誰とも異なる人生を歩み、その人と固有の交わりを営んだ末に天に召されていった人である。それは究極的には、ほかの誰とも互換性を持たない「唯一無比の存在」なのだ。

そのことに気づかされた時、我々は、その存在を失った人に向かって、「私も『愛する者』を失ったことがあります。だから、あなたがたの悲しみはよく分かります」と簡単には言えなくなるのである。

真実に存在すること

それにもかかわらず、牧会者は「その場」に立ち続けなければならない。「あなたの気持ちは分からないので」と言って、悲しむ人の前から逃げ出すわけにはいかないのである。

もちろん、悲しむ者を前にして「しょせんは他人事なのだから」と内心で思いながら、「教科書どおり」の慰めの言葉で「牧会的」に対応することも、あるいは可能であろう。

しかし、「悲しみに寄り添う」ということは、ただ物理的にその「場」に共にいるということではすまされない何かである。

そこでは、「心と身体」の全体をもって、今まさに悲しんでいる人と共にいること、すなわち「真実に存在すること」が求められるのである。それが、その生涯を通して「泣く人と共に泣き、悲しむ人と共に悲しみ」抜いたお方から託されたわざに関わる者としての使命であるからだ。

それにしても我々は、このような「不可能」なわざにどのように向き合っていけばいいのであろうか。

分からないなら聴いてみよう

前にも述べたように、牧師は基本的に聴くよりもしゃべりたがる傾向がある。インプットよりもアウトプットが多いのである。

だが、悲しんでいる人々に寄り添おうとする時には、アウトプットは実はあまり役に立たない。基本的に彼／彼女らの悲しみは「他人事」であって、自分のものではないのに、ろくに話を聴きもしないで、自分で分かったつもりになって、そこから悲しみを癒す言葉や慰めの言葉を持ち出すのは、ほとんど「当て推量」のたぐいに近い。

だから、話の途中で割って入り、気のきいた慰めの言葉を発したい気持ちをぐっと抑えて、じっと聴くことだ。決してあわててはいけない。この「分からない」ことを前提とした、徹底して受容的な聴き方こそが、「泣く人と共に泣き、悲しむ人と共に悲しむ」ことの基礎となるのである。

悲しみはそれ自体、自然な反応である。頭を壁にぶつければ痛いし、たんこぶだってできる。それと同じように、愛する者を失った時に我々が悲しみを経験するのは自然なことだと言える。痛みやたんこぶが、身体全体を維持するのに必要であり、意味があるように、悲嘆もまた我々にとって必要で意味あるプロセスなのだ。

だから、「悲しみに寄り添う」援助者は、決して足早にその悲しみを駆け抜けさせようとしてはならない。「一発逆転」の慰めの言葉や祈りでそのプロセスをショートカットしようとしてはならないのである。悲しみの中にある人々の歩みのスピードを尊重しつつ、その癒しのプロセスの旅の同伴者として、一歩一歩、共に歩いていくことこそが大切である。

早足なことやショートカットは、往々にして「さっさとこの問題を片づけたい」という援助者の側のニーズであることが多い。安易なアドバイスや聖書の引用、時には祈りさえも、悲しむ者の足を無理に速め、ショートカットで出口を目指すことが意図されている時には、それは援助であるよりはむしろ癒しの妨げとなりかねないのである。

牧師にとって神様の言葉を宣べ伝えることは最も重要な使命である。だから、悲しんでいる人々に出会った時に、牧師が「悲しまないでいいんだよ」ということを、聖書の言葉や、それほど直接的でないとしても「信仰的言葉」を通して彼らに語ろうとしたとしても、何の不思議もない。しかし、それが時として、悲しんでいる人々をさらに深い悲しみへと追い込む言葉となる危険性を、我々は知っておく必要がある。

良さそうで良くないこともあるかもしれない聖書の言葉

「あなたがたを襲った試練で、人間として耐えられないようなものはなかったはずです。神は真実な方です。あなたがたを耐えられないような試練に遭わせることはなさらず、試練と共に、それに耐えられるよう、逃れる道をも備えていてくださいます」(一コリント一〇・一三)。

迫害の中にあった初代教会の人々にとってそうであったように、現代に生きる我々が苦難に出会う時にも、この聖書の言葉は多くの場合、大きな励ましとなるだろう。しかしたとえば、愛する者を天に送ったばかりの人々に牧師がこの言葉を示す際には、注意が必要だ。

「神は……あなたがたを耐えられないような試練に遭わせることはなさらない」という言葉は、いま悲しみに押しつぶされそうになっている人々にとっては、「あなたが耐えられないといま思っているこの苦しみは、あなたが思っているほど大したことではない。耐えられないというのは、そんなものではない」というメッセージを送ることになるかもしれないからである。

「わたしは裸で母の胎を出た。裸でそこに帰ろう。主は与え、主は奪う。主の御名はほめたたえられよ」（ヨブ一・二一）。

さまざまな苦難の経験の末、ヨブがたどり着いたこの有名な言葉も、牧師が信徒に語る「殺し文句」のひとつだ。そして、神に対する全幅の信頼を表現した信仰告白であるこの言葉は、いま苦しんでいる人々にも力強く語りかける。

こんな素晴らしい御言葉であるが、先に述べた悲しむ者のプロセスを無視したコンテキストで語られた場合には、まったく逆の効果を持つことになるかもしれないから、注意が必要だ。

大きな喪失体験をし、悲嘆の中にいる人々が経験するプロセスのひとつに、「怒り」がある。悲しみのエネルギーがはけ口を求めて、自分を取り巻く世界に対する怒りとなって現れるのである。そして、それはしばしば牧師や神にさえ向けられる。

そんな愛する者を自分から奪った神への怒りを表現している人々に対して、牧師が、「いや、それは違う。全能の主は、私たちに与えもするが、その御旨のままに私たちから奪うこともある。しかし、それを私たちは受け入れて、神様の御名をほめたたえなければなりません」と語るのは確かに「正しい」ことなのかもしれないが、悲しむ者の同伴者としては少し急ぎすぎていると言わざるを得ない。

「泣く人と共に泣き、悲しむ人と共に悲しむ」のであれば、我々は時として「怒る人と共に怒る」必要もあるはずだ。牧師として信仰者のあるべき姿を押しつけることで、癒しのための自然なプロセスである怒りに蓋をしてしまい、結果的に悲嘆のプロセスを長引かせてしまうことにもなりかねないのだ。

もちろん、聖書の言葉を悪者扱いするつもりはさらさらない。先に例として挙げたふたつの箇所も、牧師として人々にぜひ伝えたい言葉である。しかし、「泣く人と共に泣き、悲しむ人と共に悲しむ」ということは、悲しむ人々と一緒に忍耐強く歩みながら、悲しんでいた人々が自らの信仰を通してこれらの言葉を受け入れ、告白できるようになるまで「共にいる」ということなのだ。それは、牧師が先走って「正解」を教えるという仕方では決して実現できないことなのである。

良さそうで悪いこともある「牧会的」言葉

幼い子どもの悲嘆は、大人のそれとは異なる。たとえば、比喩的な表現が非常に直接的に伝わってしまう場合があるので、注意が必要である。

ケース1（実話ではありません）

現在、教会学校の小学科に所属している小学校一年生のA君は、最近、病気で母親を亡くしたばかりだ。

教会学校の切り盛りをまかされているB伝道師は、先日の日曜日、分級の前に、ふさぎ込んでいるA君を伝道師室に呼んで話を聞いた。泣きながら母親を呼ぶA君の姿に胸をつまらせたB伝道師は、彼を慰めようとしてこう言った。

「A君。泣かなくていいんだよ。神様がね、A君のお母さんをとっても大好きだったから、そばに連れて行ってくれたんだよ。だから、今はお母さんは神様のそばにいるんだよ」

それを聞いたA君は、「いくら好きだからって、ママを連れてくなんて、神様はひどすぎる!!」と烈火のごとく怒り出し、そのまま家へ帰ってしまった。

あれからA君は教会学校に顔を見せなくなった。B伝道師は、あの時どう言えばよかったのか、それ以来ずっと考え込んでいる。

また、愛する者と死別したのが高齢者の場合、その悲しみに対しては、過ごした期間の長さから来る楽観的な見方にも注意が必要だ。

ケース2（実話ではありません）

女学校の学生だった頃に洗礼を受けて、七〇年近い信徒生活を続けてきたCさんは、もう八〇歳半ばである。最近、ほぼその信仰生活と同じくらいの長さを連れ添った夫が、数年の闘病ののちに天に召された。

Cさんの所属する教会のD牧師は五年前に赴任してきて、まだ四〇代前半だ。訃報を受けてすぐに家に駆けつけた時、出迎えてくれたCさんのわりあいと吹っ切れたような明るい様子を見、また、長らく連れ添ってきて、しかも十分に看取りをした後の召天だったからという思いもあり、葬儀の打ち合わせの時のＤ牧師のテンションはやや高めだった。

その流れでＤ牧師はＣさんの自宅を辞する際にも、やや明るい調子で、「でもね、Ｃさん！　ずいぶん長くご一緒されましたものね。長く幸せな生涯でしたね！」と声をかけたのである。Ｄ牧師は良い締めくくりの言葉だと自分では思っていた。

ところが、それを聞いたＣさんは、「何ですって。長く一緒にいたですって？　そうですとも。長く一緒にいた分、それだけ寂しいんですよ！」と、憮然とした表情で返したのである。

Ｄ牧師はあわててその場を取り繕ったものの、なんとなく気まずい空気は前夜式、葬儀を通しても続いた。Ｄ牧師は葬儀の説教でその時の「失点」を取り戻そうとしたのであるが、果たしてそれがＣさんに届いたかどうかはいまだに分からない。

ケース１の場合もケース２の場合も、それが悲しんでいる本人がたどり着いたゴールであれば問題はなかったはずである。しかし、牧師の側にある「慰めたい」とする思いや勝手な楽観的見方によって、人々の内的物語を「ねつ造」してはならない。

悲しんでいる人々の言葉を牧会者が謙遜に受容的に傾聴し続けることによって、彼/彼女たちとの間に「新しい物語」が紡ぎ出され、彼/彼女たちがそこから立ち上がるという「奇跡」としか呼びようのない出来事が起こるのである。

ホーム・スウィート・ホーム

牧師館！ ここで私たちは大人になった

「お家の事情」と子どもたち

誰も、自分が生まれ育つ家庭を選択することはできない。気がついた時には、それはすでにそこに「ある」のである。それをよその家庭と比較することは可能だが、そうしたところでどうにもなりはしない。どこかにある理想の家庭へ移り住むことなど無理なのだから、つまるところ、自分に与えられた家を「わが家にまさる住《すま》いはなし」（『讃美歌第二編』一四七番）と言うしかない。誰にとっても、それは唯一の「ホーム・スウィート・ホーム」なのだから（同一四八番）、子どもたちはそこに順応し、そこでのサバイバル術を身につけていくのだ。

子どもたちが育つ家庭、それは農家やサラリーマン家庭、八百屋、公務員や学校の先生、お医者さんの家だったりする。そして、日本では滅多にないことだが、それがキリスト教の牧師の家庭だったりもするのである。

それぞれの家庭が営む「仕事」によって、そこに育つ子どもが受ける影響は決して小さくない。大雑把に言っても、自営業の家庭とサラリーマン家庭とでは、そこに住まう子どもの生活パターンがかなり異なってくることは容易に想像がつくであろう。もちろん、それと同じぐらいか、あるいはそれ以上に、個々の家庭の持つ「キャラクター」は、彼らの生活に大きな影響力を持つのであるが、それでもこうした「お家の事情」と家庭環境の間にはある種の相関関係があり、そのため、同業・類業家庭の子どもに何らかの共通点を見いだしうることを私たちは経験上知っている。

英語に〝PK〟（〝Pastor's Kids〟＝牧師の子ども）なる表現があるのも同様の理由によるのだろう。判で押したような「牧師の家庭」や、〝PK〟といった言葉でひとくくりにできるような「定型」の子どもが現実に存在することはないとしても、そこでは、牧師の家庭には牧師の家庭固有の「事情」があるために、そこを生活の場としている子どもたちが「牧師の子ども」としての何らかの特徴を備えた大人になっていくということが想定されているのである。

牧師世帯は大家族

総務省の報告によれば、一九七五年の世帯規模（一世帯あたりの人数）は平均で三・三二人であったが、前回調査が実施された二〇〇五年になると、それが二・五八人にまで下がっている。この国の家庭にはあまり多くの人がいないのである。ところが、牧師家庭の平均人数については、ちょっと事情が変わってくる（牧師家庭が子だくさんだと言っているのではない。そうなのかもしれないが、そのことはここでは扱わない）。

しばしば教会と隣接し、場合によっては教会堂の一部となっている牧師館に居住する牧師の世帯では、どうしても教会が牧師世帯の生活の一部と重なってしまうことは避けられない。そうなると、二・五八人どころの騒ぎではない。牧師世帯の子どもは、一〇人、二〇人……、大教会ともなると、数百人の神の家族との「同居」（実際に一緒に寝泊まりするわけではないとしても）となるのである。

自分に注目し、覚え、祈ってくれる家族（信徒）が大勢いることは、その子どもにとってどれほど幸いなことだろう。そのことを実感してきた牧師世帯の子どもは多いはずである。「たこつぼ」みたいになりがちな少人数の家族の中で育つのとは違い、さまざまな年齢、社会的背景を持った人々の間で、複眼的なものの見方を養われる経験を持てることは、牧師世帯に育つ子どもの「特権」だと言えるかもしれない。

子どもたちに逃げ場所を!

一方で、こうした「大家族」がもたらす弊害も無視できない。「子どもは親の知らないところで成長する」と言われるが、そういう他人の目が行き届かない「死角」は、実は子どもの成長にとっては不可欠なのだ。

ところが、牧師世帯の場合には、これがなかなかうまくいかない。子どもが親の知らないところで、親があまりしてほしくないことをしようとしても、何しろ「大家族」である。町中のいたるところに「手の者」がいるようなものだ。たとえば、高校時代、学校帰りに隣町の女子とデートをしていたことや、友人と駅のトイレでタバコを吸っていたことが(これはもちろん褒められることではないが)、その日のうちに牧師である親の耳に入ったと嘆く牧師世帯の息子がいた。

それは「親心」なのだろうが、子どもたちにとって、大勢の「家族」の間で生活するということは、「いつも誰かに見られている」という息苦しさを生むことにもなる。やはり、逃げ場や隠れ場所は子どもにとってとても大切なのだ。

愛されてばかりいると

同時に、子どもに対するあまりにも過分な愛情と関心は、たとえそれが「良い意図」をもって与えられたとしても、その子どもが成長してから、他者との「適切な」関わりに必要なバランスを崩す要因ともなる。子ども時代に大勢の人々から恒常的に関心を持たれていると、そういう状況が当たり前になり、大人になってからも知らず知らずのうちに他者からの強い注目や関心を求めてしまうようになる。

ある牧師の子ども（女児、小学生低学年）は、クリスマスに「リカちゃん人形」を複数の信徒から一度に五つももらって大喜びしていたが、こんなことは例外的なことであると、この年齢の子どもに教えることは難しいだろう。ある教会では、生まれたばかりの牧師の子どもの成長のために「〇〇ちゃんクラブ」（その子の名前を冠した）めいたものが設立されそうな勢いだったが、さすがに牧師がお願いして取り下げてもらったという。

このように、牧師の子どもが教会の子として教会全体から愛され、その成長が大勢によって見守られることは美しいことだが、「愛する」ことにも程度がある。やがて成長の恐れ入りますが切手をおはりください。

郵便はがき

351-0114

埼玉県和光市本町15-51
和光プラザ2階

キリスト新聞社

愛読者係行

お買い上げくださりありがとうございます。
今後の出版企画の参考にさせていただきますので、ご記入のうえ、ご返送くださいますようお願いいたします。

お買い上げいただいた本の題名

ご購入の動機 1. 書店で見て 2. 人にすすめられて 3. 出版案内を見て 4. 書評（　　　）を見て 5. 広告（　　　）を見て 6. その他（　　　）

ご意見、ご感想をご記入ください。

キリスト新聞社愛読者カード

ご住所　〒

お電話　（　　　）　E-mail

お名前　性別　年齢

ご職業

所属教派・教会名

図書目録　要　・　不要

キリスト新聞の見本紙　要　・　不要

このカードの情報は弊社およびNCC系列キリスト教出版社のご案内以外には用いません。

ご不要の場合は右記にてお知らせください。
・キリスト新聞社からの案内　要　・　不要
・他のキリスト教出版社からの案内　要　・　不要

ご購読新聞・雑誌名

朝日　毎日　読売　日経　キリスト新聞　クリスチャン新聞　カトリック新聞　Ministry　信徒の友　教師の友
説教黙想　礼拝と音楽　本のひろば　福音と世界　百万人の福音　あけぼの　（　　　）

お買い上げ年月日　年　月　日

お買い上げ書店名

市・町・村　書店

ご注文の書籍がありましたら下記にご記入ください。
お近くのキリスト教専門書店からお送りします。
なおご注文の際には電話番号を必ずご記入ください。

ご注文の書名	冊数
	冊
	冊
	冊

過程で、現実の世界では、かつて自分が教会という「家庭」において注目され、愛されたようには注目されず、愛されもしないことを知る時に、彼らは初めて現実と直面することになろう。それによって深刻な対人関係の不調を引き起こすこともないわけではないのである。

その子が本来的には「牧師の家庭の子どもである」という節度ある認識が教会には必要だ。牧師の子どもは、教会員共有の「ペット」ではないのである。

まるで大人みたい！

中・大規模教会では、牧師世帯の子どもをめぐって前述のような特徴があるが、反対に小規模教会に仕える牧師世帯においては、人不足のため、しばしば子どもも含めて家族がひとり残らず「スタッフ」として「動員」される。教会学校では、ほとんどカモ猟の「デコイ」(カモをおびき寄せるための木造のカモ)よろしく、「常勤生徒」となり、牧師館の自分の部屋も、日曜日には教会学校のための部屋として「一般開放」されたりしてしまう。

信徒からの電話を小さな子どもが牧師館で取って、まるで大人のような受け答えをしたり、集会前にスリッパをきっちり並べて信徒を迎える姿は感動的でさえある。それを目撃した信徒は、「さすがは牧師さんとこの子どもね。まるで大人みたい！」と思う。

おそらく多くの場合、子どもたちはそれを、家族の一員としての「（犠牲的）責任感」から引き受けているが、長期的に見て「牧師世帯の子どもの教会スタッフ化」は好ましくない。とりわけ、これは成長の早期段階では避けたほうがいい。少なくとも大人の家族は自分の意志でそこにいるが、子どもは自分で選んで牧師家庭に来たわけではないからだ。「牧師世帯の子ども」という立場は、あくまで彼らに与えられたものにすぎないのである。それを彼らが「祝福」と受け取るにせよ、「とんだ迷惑」と受け取るにせよ、こんなふうに幼いうちから、まるで「小さい大人」のように振る舞わせてはならない。

同様に、子どもを「チーム・メンバー」とする親の意識もあって、子どものいる前で教会内の問題や特定の教会員への批判を口にすることも問題である。このことはアンケートの結果からも明らかだ。年端も行かぬ子どもに教会内部の複雑な人間関係など分かるはずがない。親のほうはそれがストレス解消になるのかもしれないが、守秘義務の問題以前に、それを聞かされる子どもにとっては精神衛生上いいわけがないのである。多くの子どもがそういう話を聞いて傷ついているという事実に、大人たちは向き合うべきだ。

さらに、そこで子どもたちが、大人である親との「良き話し相手」となり、分かったような口をきくようになったとしたら、なお状況は深刻である。小さい頃から対人関係の裏表の両面を見せつけるようなことは、やはり避けるべきだ。それは、将来にわたって他者への不信の種を植えつけることにもなる。子どもたちを「耳年増」にさせてはならないのである。

子どもらしい子ども時代を

大人はそんな彼らを見て誇りに感じたり、微笑ましく思ったりするかもしれないが、いかに牧師世帯の子どもといえども、彼らが子どもである限り、「子どもらしい」子ども時代を過ごす権利はある。

子どもは基本的にもの分かりが悪いし、本来的に自己中心的である。物事を整えるよりは、破壊と拡散へと向かうものである。よく考えもしないで「あれがほしい」と言うものなのである（もちろん、それを必ず手に入れられるとは限らないが）。人間の適切な人格形成のためには、そういう子ども時代をしっかりと過ごすことが不可欠であることは、特に心理学の知見を持ち出すまでもないことであろう。

牧師世帯が経済的に厳しいのはある程度仕方がないだろう。一〇代になるまでカップラーメンを食べたことがなかったという証言や、牧師館がなんとなくいつも湿気ていて、なぜかカマドウマが多いという話は、悲哀を感じさせつつも、どこかシニカルでコミカルでさえある。

貧しさは確かに牧師世帯にとって重大な問題だが、それ以上に、教会で牧師である父親が「みんなの父親」みたいで寂しかったことや、教会の仕事に忙しくて、自分たちのことについてほとんど知らない親に対して、寂しさやつらさ、そして本当に自分がほしいものを表現することができず、それらをすべて抑え込んで、「おとなしく」良い子でいるしかなかったとしたら、そのことのほうがはるかに痛ましいことだ。

こうした早期における「子どものスタッフ化」や「大人扱い」は、結果的にＡＣ（Adult Children）を生み出す温床となることを、教会も、牧師世帯の責任を担う人々も、早く気づくべきである。子どもは可能な限り教会の中でワン・ノブ・ゼムとして、他の子どもたちの間に紛れながら、ゆっくりと成長していくのがいい。

言行不一致

多くの牧師の子どもは、教会で信徒に接している時と、牧師館で自分に接する時の親のギャップに戸惑いを感じている。だいたいのパターンはこうだ。牧師である自分の親は、教会で言っていることと、家でやっていることが違う。教会では説教壇の上から立派な説教を語り、いつもニコニコして、愛をもって信徒に接しているのに、自分たち家族、特に連れ合いに対する言葉づかいや態度にはそうした配慮や愛が感じられない……。

この牧師世帯に見られる牧師の「言行不一致」は、牧師という仕事の性質上、なかなか克服しがたいものがある。まず、教会と牧師館の間に明確な「しきり」がないために、教会という「大家族」に組み込まれた牧師世帯の子どもたちは、家と教会における親の言動、振る舞いの違いを、選択の余地がないかたちで目撃させられることになる。

これが、何か別のことを生業としている世帯であれば、事情はもう少し単純だったかもしれない。そもそも、親が仕事場で何をしているかを間近で見聞きできるような環境にない世帯では、家庭で目撃する親の姿がすべてであって、そこにこのような不一致は起こりえない。また、子どもがたまたま仕事場に赴き、日ごろ家の中で厳格で威張っている父親が、客に対しては非常に低姿勢で、むしろ卑屈にさえ見えたとしても、家に帰ってきた父親が、「商品を売るためには、ああやってお客さんに丁寧にしないと駄目なんだ。仕事っていうのはそういうものだ」と説明すれば、子どもはなんとなく納得するものだろう。ここでは、職場と家庭での言行不一致はさほど問題にならないのである。

開き直って言えば、このように人間というのはだいたい、言っていることとやっていることが違うものである。ところが牧師には、そう言って開き直れない事情があるから、やっかいだ。説教壇から語ることは、自らがまずそのように生きることが求められる。それが「言いっぱなし」の言葉であってはならないということは、牧師世帯の子どもも本能的に知っている。だから、たとえ教会の中ではそれが破綻なく実践されているように見えたとしても、家庭内で違う場合には、子どもたちは親の言行不一致の理由が分からず、困惑するのだ。「どうして教会と家で言動が異なるのだろうか」といぶかしく思い、それはそのまま親に対する不信感となっていくのである。

〝オン〟も〝オフ〟もなく

牧師世帯におけるこの「言行不一致」の問題は多分に、牧師という「仕事」の性質に依拠するところが大きいだろう。いや、牧師であることが単純に「仕事」のひとつとして考えられないところに、そもそもの問題の根っこがあるとも言えるのである。

「牧師」とは、神から招かれた生き方そのものであるから、そこには基本的に〝オン〟とか〝オフ〟の区別など存在しないと考えられる場合が多い。そこでは牧師は、二四時間三六五日、牧師であり、常に〝オン〟状態だから、家族の前でも〝オン〟状態であることが期待される。常に家族のひとりひとりに対しても（もちろん子どもたちにも）笑顔で、愛と配慮に溢れた態度で接する親であることが期待されているのである。

しかし、牧師家庭の子どもたちのアンケートの回答を見ると、なかなか手厳しい。親である牧師が家庭で〝オフ〟状態にスイッチする姿に、多くの子どもが幻滅を感じているのである。

ペルソナの上手なつけかえを

しかし問題は、常に〝オン〟状態になれない牧師の不一致にあるというよりも、牧師世帯という「大家族」の中で、牧師自身も「隠れる場所」「自分自身である場所」を見失っていることにある、というふうにも考えられるのである。

牧師の子どもの何人かが、この両者のギャップを、「親もひとりの罪人」との認識に至って乗り越えたと証言している。また、ある連れ合い（たぶん母親）が、こうした違いに混乱していた子どもに向かって、「牧師は、どんなに苦手な人の話でも聞かなくてはならない。笑顔でいたほうが印象はよい。家にいる時くらいは自由にさせてあげて」と正直に言い、子どもであった自分はその言葉を聞いて「心からそう思えた」というアンケートの回答も届けられた。

むしろ問題解決の糸口は、教会員の前でも家族の前でもまったく同じ「ペルソナ」で接することを志向することではなく、牧師が家族の前では「完全無欠の牧師」という「ペルソナ」を脱ぎ去り、「ひとりの親」であり、「弱さと罪を持ったひとりの人間」というペルソナをもって家族と率直に向き合うことにあるのではないだろうか。なぜなら、家庭にいる時の牧師の振る舞いは〝オフ〟状態になっているにもかかわらず、「ペルソナ」自体は「牧師」のままという「不一致」に問題があると思われるからだ。せめて家族の前に出る時には、「人間としてのひとりの親」の「ペルソナ」をもって、牧師のスイッチを〝オフ〟にしてみたらどうだろう。そういう「隠れる場所」は、きっと大人である牧師にも必要なのだ。

さらに言えば、そもそも牧師自身が、教会における「愛と配慮に満ち溢れた完全な牧師」という職業的な「ペルソナ」から自由になり、カール・ロジャーズの言う「カウンセラーの純粋性」や「一致」という言葉に立って、自分が「弱いひとりの罪人として教会に遣わされている」という「ペルソナ」をもって教会員と接することができれば、牧師家庭における「言行不一致」の問題解決だけでなく、教会内での対人関係がもっと自然なものになることも期待できるのではないだろうか。

ホーム・スウィート・ホーム

アンケートに答えてくれた牧師世帯の子どもの多くが、そこでの生活に積極的な意味を見いだしていたことも、ぜひここで触れておかねばならないだろう。代表的なものは、「牧師の家庭で育ったからこそ、自分の信仰が守られ、信仰者として成長することができた」というものであった。その中には、「大家族」のメンバーである教会員の祈りや支えがあったことも、感謝をもって語られている。

先ほど、小さい頃から教会の行事に否応なく巻き込まれることのマイナス面を述べたが、回答の中には、そうしたことを「強いられた恩寵」として受け止め、それがあったからこそ信仰者としての今の自分があること、また、教会でのクリスマス準備のために家で（教会で）アドベント・クランツを作ったり、劇の練習をしたりしたことを懐かしく思い返すなどの回答があり、牧師世帯でしか味わうことのできない恵みに溢れた日々について教えられた。

さらに、小さい頃から大人に囲まれて生活することの弊害についても前述したが、そうした生活が後の自分の社会性を養った、あるいは「人生を投げてしまいそうな日々にも」

牧師の家庭で育った生活が大きな支えとなった……など、牧師館での生活が自身の性格形成に与えたプラス面についてのコメントもあり、すべてのことにはプラスとマイナスの両面があることを改めて思わされた。

牧師世帯に限らず、どのような家庭においても、それぞれの家庭固有の課題や困難さはあるだろう。また、そこで育つ子どもたち個々人のキャラクターや、その両者の相性もあり、「理想的な牧師家庭」なるものはなかなか描けそうにない。

しかしいずれにしても、子どもたちにとっては、そこがただひとつの「ホーム・スウィート・ホーム」なのである。与えられたその家庭を所与のものとして受け止め、その中で順応し、サバイバルをしていくしかないのである。

ならば、親である牧師も、教会員も、そこにある小さな魂が神様の愛によって導かれ、喜びをもって成長することを祈り求めずにはいられない。子どもたちの小さな声に真摯に耳を傾け、牧師の家族と共に、「神の家族」の一員である彼らとの最もふさわしい歩みを模索していきたいのである。

ドメスティック・バイオレンスと牧会①

ドメスティック・バイオレンスを知ろう

教会にはＤＶはない？

教会は暴力からいちばん遠いところにあるように思われる。それぞれの教会が置かれている地政学的・政治的「場」によって、「暴力」に対する立場の違いがあることを考慮に入れても、神学的、あるいは実践的に、教会が非暴力を軸とした共同体であることを否定する人は少ないだろう。教会は、キリストが示した愛なる神の招きを受け、その愛に生き、その愛を実践する共同体である。そうであるなら、そこに暴力が入り込む余地はないはずなのだ。

そういうわけで牧師が、（よそはともかく）自分たちの教会の中に、継続的に暴力を振るう者、ましてやドメスティック・バイオレンス（以下、DVと称する）に関わる者などが存在するわけがないと考えたとしても不思議ではない。確かに、そう信じている限り、教会はいつものように平和なのだから。

いくつかの調査の結果、現在、日本において、女性の三人にひとりが、配偶者あるいは恋人による暴力の被害を受けているという。こういうたぐいの統計調査結果というのは、一般に実数よりも低めの数値が出やすいと考えられるので、実際にはそれよりも多くの女性が男性からの暴力の被害を受けている可能性があると考えていいだろう。

教会が「外の世界」とは違う「特別」な場所であるのは、ただ神によって聖別されているということにおいてのみそうなのであって、集っている私たちが取り立てて「外の世界」の人々とは違う「特別」上等な人間であることに依拠しているのではない。

できることなら、教会に集う人々がそうでない人々よりも倫理的に優れているという調査結果があればと願うのだが、浅学ゆえ、いまだそのような調査結果を見聞きしたことはない。私たちは、やはり教会という場がひとつの社会の縮図であることを認めるべきなのだ。

教会には、神の祝福によって与えられた「外の世界」にはないものがたくさんあるが、それと同時に、「外の世界」にあるもので教会にないものなどほとんどないということも事実なのである。だから、もし私たちの社会において、女性の三人にひとりが男性からの暴力を受けているのであれば、教会の中にも同じ程度の割合で暴力を受けている女性が存在すると考えることは、それほど見当はずれなことではないはずである。

そして、アメリカにおいて今、社会が取り組むべき最も優先順位の高い病理がDVであると考えられているように、私たちの社会においても、そしてとりわけ教会においても、この問題は非常に優先順位の高い問題として受け止められていくべきだ。なぜなら、被害者は多くの場合、口を固く閉ざしており、それがもたらす結果はしばしば重大で、時に死に至るからである。牧師には、そのための心構えができているだろうか。

DVとは一般的に、「親密な関係にある二者の間において、一方から他方に対して行われる暴力」のことを指す。この「親密な関係」の中には、ゲイ、レズビアン、トランス・ジェンダー、バイセクシャルなども当然含まれるのだが、ここでは報告件数が圧倒的に多い男女間の暴力、わけても男性から女性に対して行われる暴力を典型として取り上げる。性の多様性の中で、さまざまな方向からさまざまな方向への暴力が起こっているが、現時点ではこれらについて十分に語るだけの資料を持ち合わせていないので、ご了承いただきたい。

ドメスティック・バイオレンスとは

ＤＶと聞いて思い浮かべるのは、おそらく殴打によって目の周りに痣《あざ》を作ったり、肋骨を折ったりするといったひどい暴力だろう。確かにそれは間違ってはいない。ただ、それだけがＤＶであると考えるのは誤りだ。

ＤＶに関わる暴力には、こうした「身体的暴力」のほかにも、「心理的暴力」、「性的暴力」、「経済的暴力」、「社会的暴力」、さらに教会などにおいては「霊的暴力」まで存在するのである。それらをかいつまんで説明しよう。

（１）身体的暴力

身体的な暴力は比較的分かりやすいだろう。しかし、ＤＶの文脈においては注意が必要だ。これらの中には、「小突く」「押す」「ゆさぶる」といった比較的穏やかに見えるものから、「殴る」「蹴る」「首をしめる」「武器で攻撃を加える」まで、幅広い暴力が含まれているが、そのどれもがみな深刻な暴力であるという認識を持つ必要がある。

「殴る」はＤＶだが、「押す」「小突く」はそこまで深刻ではないというような考え方は間違っている。殴っても痣すらできない軽度なダメージですむ場合もあるが、一方で、階段の踊り場などで「押す」「小突く」といった暴力を振るえば、それが致死的な結果をもたらすこともあるからだ。

だから、「この暴力はまだDVとは言えない」という考え方は捨てるべきである。どのようなものであれ、前述したものはすべて暴力であって、看過してはならないものなのである。そもそも、最初は比較的「穏やかな」暴力であったものが、のちにエスカレートして過激な暴力に発展するということは容易に想像できるだろう。

(2) 心理的暴力

心理的な暴力は、肉体の接触を伴わない暴力の一種で、「怒鳴る」「罵《ののし》る」「相手の尊厳を傷つける言葉を投げかける」「侮る」などが挙げられよう。

最近こそ少なくなったが、私たちの文化においては、自分の妻を他人の前で実際よりも悪く評することがあたかも謙遜の表現であるかのように考えられた時代もあった。自分の家に友人を食事に招いておいて、料理を作った本人を前にして、「いやあ、うちの嫁さん、料理が下手でごめんね」などと言うシーンは、一世代前のテレビドラマでは珍しくないものだった。しかし、このように他人の前で女性を侮辱する行為は、立派にDVの一部と考えられている。

「怒鳴る」や「罵る」は、もう言い逃れのできない暴力であり、それらが夫婦や恋人同士の間で繰り返しなされている時には、牧師は敏感にＤＶの可能性を考慮すべきなのである。

（３）性的暴力

親密な関係においても、性的な暴力は存在する。アメリカにおいて最近、「夫婦間のレイプ」（おそらく私たちにとってはあまり馴染みのない概念）が話題になることがあるが、最近ではこうしたことも成り立つというのが一般の判断である。

すなわち、たとえ夫婦という、きわめて親密な関係においても、一方が望まないかたちでの性行為は暴力と見なされるということだ。だから、恋人同士の関係においても、そうした行為は暴力なのである。女性が望まない性的なシーンを含む映像の視聴を強要することや、本人が嫌がる性的な言葉を繰り返し投げかけることなども、それらに含まれる。

これまで、こうしたことは多くの場合、「痴話げんか」のたぐいと見なされ、牧師に相談に行くことは心理的にはばかられたであろう。また、牧師が女性からこうした訴えを聞いた時に、興味本位でなく、どれだけ親身にそれを暴力として受け止めることができたか、きわめて疑問である。とりわけ、プライベートに深く関わる事柄だけに、守秘義務も含め、しっかりとした関係性を築くことなしに、こうした問題が訴えとして出てくることはありえない。牧師にはぜひこうした性的暴力についての適切な知識を持ってもらいたいのである。

（4）経済的暴力

女性が一方的に男性の経済活動に依存している場合、主たる経済活動を担っている男性がその女性に対して、経済的エネルギーの制限ないしは封鎖をすることは暴力となる。たとえば、生活費を入れない、クレジットカードを使えなくするなどは、その典型例であろう。

多くの女性が男性からさまざまな暴力を受けていながら、その男性から逃げ出せない理由のひとつに、こうした経済的暴力に対する恐れが挙げられる。「お前なんか、ここを出たらすぐに路上で飢え死にだ」、「どうやって生活していくつもりだ」という脅迫を受けて、暴力の下に留まる女性が多いのである。

牧師は、「そんなにひどい目に遭っているのに、どうして家を出ないのか」と簡単に尋ねてはならない。暴力から逃げ出せない女性たちは、逃げたくないから逃げないのではない。逃げられないから逃げないのだから。

（5）社会的暴力

社会的暴力とは、女性の社会性を損なうことを目的とする暴力である。たとえば男性が、女性の携帯電話のアドレス帳に登録されているほかの男性のデータを削除するといった行為もこれにあたる。また、外出する際にしつこく「誰と会うのか」「どこへ行くのか」と尋ねることや、「家にいろ」と在宅の強要をすることも社会的暴力である。

これと同一線上にあるのが、女性が職業を持つことを許さず、いわゆる「専業主婦」であることを強要するものである。これはもっぱら、（４）の経済的暴力を成立させるために用いられる。

「そんなことまで暴力と言うのか」と驚くなかれ。とりわけ、男性教職はそもそも、自分たちの価値観によるバイアスをもってＤＶを見ている。自分たちが違和感なくやっていることを暴力と見なすことには、非常に大きな抵抗があるものなのだ。

（6）霊的暴力

霊的暴力は、教会のような信仰共同体内部に起こりやすい暴力である。とりわけキリスト教では伝統的に（人が創世記における「善悪の知識の木」から取って食べた事件以来）、男性が女性を「支配する」ということを「神学的」に肯定してきた経緯がある。

そこで、男性が女性に暴力を振るった言いわけとして、「俺はお前を真っ当なクリスチャンに導く義務がある」と言ったり、「お前はそれでも信仰者か」と罵倒したりする時、それらは霊的な暴力となる。こうした暴力は、被害者が深い信仰を持っていれば持っているほど、深いダメージを与えることになる。

しかし、この霊的暴力については、牧師自身も十分に注意しておかねばならない。信徒である女性が夫から暴力を受けていると聞いて、「それはあなたがまだ十分にクリスチャンの妻として務めを果たしていないからではないでしょうか」とか、「祈りが足りません。もっと祈ることで、必ずあなたも、あなたの夫も救われます」と、被害を受けている女性に言う時、それは「二次的ＤＶ」となり、その牧師自身もＤＶの加害者として暴力の一端を担ってしまうことになるのである。

ドメスティック・バイオレンスの罠

牧師がＤＶ被害者に関わる時にまず知っておいてほしいことは、ＤＶの暴力には一定のサイクルがあるということだ。この暴力は、①緊張の蓄積期、②暴力の爆発期、③懺悔とハネムーン期という三つの時期を繰り返すという特徴があるのである。

①緊張の蓄積期においては、ＤＶ加害者である男性の中でイライラなどの緊張が高まる。女性はいろいろな手段を用いて男性をなだめようとするが、それは決して功を奏さない。なぜなら、動き出した暴力のサイクルは必然的に次のステージへと移行するからだ。

やがてその緊張が頂点にまで達すると、②の暴力の爆発が起きる。すなわち、先に（１）から（６）までに挙げたような暴力行為の実行である。

ところが、ＤＶにおける暴力の特徴は、次の③懺悔とハネムーン期にある。このステージでは、暴力行為をした加害者は一転して、今度は涙さえ流して女性に謝るのである。「二度とこんなことはしない」と謝るその姿には嘘はないように見える。そして、その後では決まって高級洋菓子店のケーキや花束をお土産に買ってきたりして、女性に謝罪の気持ちを示そうとするのである。

そのために、このステージに進んだ時、暴力を受けた多くの女性は、「あの暴力はまったくの偶発で、彼自身の本当の姿ではない。私の言い方や、やったことが彼を怒らせたただけだ。彼は本当は優しい人なんだから」と考えてしまう。だが、このハネムーン期は継続しない。その期間の長い短いはあるにせよ、やがてそれはまた①緊張の蓄積期を迎えるのである。

これは決して自然的に消滅する暴力ではない。牧師がこのサイクルを知らずに、ハネムーン期のふたりの様子だけを見ると、「なんだ、夫婦げんかは犬も食わないな」と思ってしまうだろう。だが、事はそれほど単純ではないのである。牧師は、暴力の全体像をしっかりと把握している必要があるのだ。

しかし、それにしてもDVはなぜ起こるのか。加害男性はどうして暴力を振るうのか。そして、牧会者としてこれらのケースにどのようにアプローチするべきか。それについては次項目で説明しよう。

ドメスティック・バイオレンスと牧会②
そのメカニズムと対処

ドメスティック・バイオレンスが起きるわけ

これを読んでおられる方々は、ドメスティック・バイオレンスの加害者と聞いて、どんな人物像を思い描くだろうか。強面で言葉づかいが荒く、「瞬間湯沸かし器」の異名をとるような「カッとなりやすい人」。高等教育を受けていない人で、いわゆる「ブルーカラー」の社会層に属する人々……。

実際にアメリカのＤＶワークショップでも、加害者の人種や社会層などの細かい説明を加えずにＤＶの事例を語った後、そこに登場する加害者像を参加者に絵で描いてもらうと、ほとんどの場合、その加害者はアフリカン・アメリカンかヒスパニックで、また決してネクタイをしめているオフィスワーカーではなく、いわゆる肉体労働者として描かれるという話を、アメリカでの私のスーパーバイザーから聞いたことがある。

しかし、私のスーパーバイザーが口を酸っぱくして私に語ったことは、加害者は決してそのような人々に限定されないのであり、むしろその多くは魅力的で、しばしば周りの人々から尊敬され、慕われるような温和な人物であり、リーダーシップを備えた知的な人々だということなのである。

学ばれた「暴力」

しかし、怒りっぽい人が暴力を振るうというのであれば簡単に納得もできるのであるが、なぜそんな、およそ「単純でカッとなりやすい」タイプからは程遠いような人々が自分のパートナーに対して暴力を振るうのであろうか。その謎を解く鍵は、「支配」と「操作」にある。

成人の行動様式は、その人の成長過程で他者との間で繰り返してきた対人関係のやりとりによって形成される。私たちはある行動を他者に向けて行い、その結果を評価し、その成否によって次の行動を決定するだろう。すなわち、私たちの現在の行動様式は、これまで自分がくぐり抜けてきた経験の中で比較的「うまくいった」行動によって構成されていると言える。

　ある人々は自分の欲求を通すために泣くかもしれない。それは、彼らが小さい頃から、自分が何か手に入れたい時には、泣けばたいていそれが実現できたから、そうするのである。一方、もう少し理性的な人は、自分の求めるものを得るために、言葉を駆使しようとするだろう。こうした人々は、相手に丁寧に説明をして説得を試みる。相手が自分のほしいものを自分に渡すまで、根気よく交渉するのである。彼らがそうするのも、思いつきや偶然ではない。人々に話しかけ、根気よく説得することが、この人物の人生経験の中で得た最善の方法だったからなのだ。

　しかし、泣いたり、仏頂面をし続けたり、ましてや交渉したりすることなど、「そんなまどろっこしいことなどやっていられない」と思う人々がいるのである。こうした人々は、子どもの時から成人になるまでの過程で、「ほしいものを手に入れるのに、もっと簡単な方法がある」ということを学んだ人々だ。そんな面倒くさいことをするよりも、「怒鳴ればいい」「脅せばいい」「胸ぐらをつかめばいい」、それでも駄目なら「殴ればいい」ということを学んできた人々なのである。ＤＶの加害者の多くはそんな人々なのだ。

　彼らの目的もまた、自分の欲求を満たすためであり、その目的達成のために私たちが一般に用いる別の「比較的無害な」方法ではない方法――「暴力」を用いる人々なのである。だから、この場合の「暴力」は、怒りにまかせた無自覚な感情の爆発ではない。それは、被害者を自分の意のままに動かすための「操作」であり、「支配」の道具なのだ。

操作する人々

ＤＶの加害者たちは、自分のパートナーである女性を支配し、操作するために、暴力を道具として用いる人々だ。彼らは哀願したり、同情を求めたり、交渉したりはしない。もちろん、暴力のサイクルの中で彼らがそうしているように見える場面は何度も訪れるのだが、それらはすべて支配と操作のためであり、それらが功を奏さないと見るや、いつでもそうした手順をすっ飛ばして、暴力によって女性を支配しようとするのである。

怒りっぽい性格であれば、いわゆる「アンガー・マネージメント」のセッションに通って矯正を試みることも可能であろう。粗野な人物がしばしば人情家であり、自分のパートナーには頭が上がらないということはよくある話なのである。

しかし、操作のための暴力は、準備され、計算された暴力である。怒りっぽい人たちの暴力が「熱い暴力」だとすれば、ＤＶは「冷めた暴力」だということができよう。それだけに、この暴力は根が深く、その対応は困難なのである。

ＤＶ被害者への牧会的援助の可能性

牧師がＤＶの被害者から相談を受けた時に注意すべき点をいくつか挙げておこう。

（１）被害者の言葉を信じること

簡単なようで難しいのが、牧師のところへ相談にやって来た女性の被害者の言葉を「真に受ける」ことである。

男性教職の多くは、女性信徒がやって来て「夫に暴力を受けている」と訴えても、なかなか言葉どおりに受け取らないものだ。彼らは、「結婚生活っていうのはそんなもんだ」「他人の家のことは分からない」とまず思う。そして、彼女が涙ながらに明かした暴力の加害者がそのお連れ合いであり、教会役員でもある有力メンバーで、自分を長年にわたって支えてきた人物であったりすると、なおさらである。

しかし、そこで「きっと彼女の受け取り方が間違っているのだ」などと思ってはならない。まずはその被害者の言葉にまっさらな思いで耳を傾けることだ。それ以外に援助関係を構築する道はないのだから。

また被害者から、「相談に来たことは絶対、夫には言わないでほしい」と念を押されているのに（ほとんどの場合がそうである）、「事実関係の裏をとる」というような理由で、勝手に加害者である夫に連絡をとって話を聞こうとしたり、ふたりを一緒に教会に呼び出して「摺り合わせ」をしたりするようなことは絶対にしてはならない。事実、アメリカでは、牧師がしでかしたこうした不注意な行為によって、被害者が瀕死の重傷を負ったケースが報告されているのである。

（2）学ぶこと、訓練を受けること

ＤＶの問題に関わろうとするなら、この暴力についての正しい知識を得ることは必須条件である。また可能であれば、その対処方法についての訓練を受けることが望ましいだろう。

この問題一般に関する文献なら、日本語のものでも簡単に手に入るし、英語に強い人であれば、それほど多数ではないにしろ、キリスト教とＤＶに特化した文献を利用することもできるだろう。

日本ではまだＤＶの援助に関するワークショップは少ないが、この分野に関する講演会などは各地で行われている。これらに積極的に参加することで、より具体的で現実的な対応について学ぶことができるだろう。

（3）被害者の安全を最優先すること

とりわけ、被害者と加害者がふたりとも教会のメンバーであった場合、たとえ加害者の暴力行為が明らかであることが判明したとしても、牧師は強いジレンマを感じるだろう。被害者も加害者も自分の牧会の対象者なのだから、単純に加害者を切り捨てるかたちではなく、まさに「迷える子羊」であるその人物をも正しく導くことが牧師の使命だと考えるからだ。

そのことは十分に理解できる。しかし、ＤＶに関わる場合には、常に優先順位を念頭に置いておくべきである。すなわち、加害者への牧会的配慮のために、被害者の安全を二の次にするようなことは断じてやってはならないのである。優先すべきは、被害者の安全確保である。まず、被害者が何を望んでいるのかにしっかり耳を傾けて、そのことの実現のために、被害者のほうに顔を向けた援助を心がけることが肝要だ。

一般に、加害者に対する牧会的援助を、被害者救済と同時並行的に行うことは非常に難しいと考えられているのである。

（4）責任の所在を明らかにすること

DVの被害者に援助を行う場合には、暴力を行っている側と、暴力を受けている側、どちらにその責任があるかを明確にすることが必要だ。しばしば私たちは、援助のつもりで援助にならない奇妙な助言をすることがあるからだ。

被害者が顔に痣《あざ》を作って相談に来て、「昨日、夫に殴られました」と訴える。それを聞いた牧師は同情を顔いっぱいに浮かべて、「それはたいへんでしたね。ところで、いったいどうしてそんなことになったんですか」と尋ねる。すると被害者が、「夫が勤めから帰ってきた時に、冷えたビールを冷蔵庫に入れていなかったものですから、それで怒り出して……」と答える。そこで牧師が、「おや、それはひどい目に遭いましたね。しかし、彼も一日の仕事から家に帰って来て、冷えたビールが飲めると楽しみにしてたのに、ビールが冷蔵庫になかったものだから、そんな暴力を振るったんでしょうね。まあ、暴力はいけませんが、次からは忘れずにビールを冷やしておいたらいいですね。そうしたら暴力を振るわれることはないでしょうからね」と「助言」をするのである。

これでは被害者に、「暴力の原因を作ったのはあなたなんですよ」と言っているのと同じである。ビールが冷えていようがいまいが、そんなことは関係ないのである。どんな形態であれ、暴力を振るう場合には、その暴力を振るう側に責任があるということを明確にするべきなのだ。「何事にも原因と結果があって」という理屈を暴力の場面に持ち出すと、それは、加害者が自分の暴力の責任を被害者に押しつける際の格好の言いわけになるからだ。

思い出してほしい。ＤＶが行われるところに、取り立てて理由などない。それは一定のサイクルで時計のように常に動いている暴力なのだ。それは、たとえビールが冷えていても、次はおつまみに「柿ピー」がないと言って殴られるような暴力なのである。

(5) 安易に「聖書の言葉」を持ち出さないこと

キリスト教は「愛と赦し」をその根底に据えている。教会は、主イエスが十字架にかかられて、神との和解を人類にもたらされたことを心から感謝し、そのことを宣べ伝えてきた。主イエスの「七の七十倍までも赦しなさい」という聖書の言葉は（マタイ一八・二二）、そのことを前提としている。すでに神に赦された私たちは、それゆえに他者に対する無制限の赦しへと方向づけられているのである。

しかし、暴力を受けているという被害者に対して、牧師が「七の七十倍までも赦しなさい」と語る時には、細心の注意が必要となる。それは時として、被害者に対して「死になさい」と言っているのと同義に響くかもしれないからだ。

また被害者に対して、「あなたには、キリスト者としての忍耐と信仰、そして祈りによって、自分に暴力を振るうパートナーを正しい道に導く使命が神様から与えられているのです」と安易に言ってはならない。そんな「十字架」を被害者に負わせてはならないのである。

あるいは、「(神は) あなたがたを耐えられないような試練に遭わせることはなさらず」というような聖書の言葉も (Iコリント一〇・一三)、日々暴力を受け続けている被害者にとっては、「あなたは今、自分が受けている暴力がとてつもなくたいへんなものだと思っているだろうけど、本当にひどい状況とはそんなものではない」と言っているように受け取られかねないことを心すべきである。

これらの言葉が長い時間を経た後に被害者自身の口を通して語られることはあるだろう。つまりこれは、ただそのような苦難をくぐり抜けた者だけが語りうる言葉なのであって、「援助者」としての牧師が安易な「答え」として語るべきものではない。

加害者を赦すということは、加害者の暴力行為をそのままで良しとすることではない。だから、加害者の暴力は決して許されることではないと、牧師は被害者に対しても毅然として告げるべきだ。

赦しは、被害者自身が決断することなのである。被害者が自分の人生においてその出来事の「場所」（意味とは限らない）を見いだすことができた場合にだけ、ひとつの可能性として赦しは起こりうるだろう。

しかしその場合でも、被害者がその後、加害者と共なる歩みを続けるかどうかは分からない。ここでも援助者である牧師は、「結婚の聖性」について大きな問いを投げかけられることになろう。ただ、この問題についてはまた別の機会に述べることにする。

(6) チーム体制下での援助を行うこと

最後に、ＤＶの被害者に対する援助を行う場合、単独で行おうとしないことが大切である。こうした問題をひとつの教会、ひとりの牧師で解決することは非現実的だ。

それぞれが不可分に結びついているとはいえ、被害者のさまざまなニーズの中でも、牧師はもっぱら霊的な援助に関わることになるだろう。身体的、心理的、経済的、社会的な援助については、医師、行政、法律関係者、カウンセラーなどのそれぞれの分野の専門職との連携が不可欠となってくる。そうした地域の専門職との連携関係を構築することが、ＤＶに関する援助の成否を決定する鍵となろう。

牧会と交流分析

「交流分析」（Transactional Analysis ＝ ＴＡ）は、エリック・バーンが提唱したカウンセリングの理論である。

フロイトの精神分析理論を分かりやすい三つの○によって図式化しようとした彼の理論は、発表当時、精神分析の専門職の間ではあまり評価されることはなかったが、その平易さと取り組みやすさのため、広く一般に知られることとなり、日本においては、職場のカウンセリングやスクール・カウンセリングのような場面で多く用いられてきた。

通常の専門職が実施する一般のカウンセリングと違い、牧会カウンセリングが求められる場は、多くの場合、教会の礼拝準備室や牧師室、あるいはＣＳの教室であったりする。また、料金や面接時間に関する契約に基づいて牧会カウンセリングが実施されることはまずない。すなわち、牧会カウンセリングは往々にして、確固たる枠組みを持たないまま実施されることが多いのである。また、その主たる担い手である牧師の多くが、精神分析やカウンセリングについての正式なスキルを持たない「非専門職的カウンセラー」なのである。

　このような現実をふまえた時、この「交流分析」は、そのような牧師が牧会カウンセリングを行う際の比較的とっつきやすいスキルとなり、また断片的で短期的なカウンセリングの場においても効果を発揮する考え方ではないかと思うのである。ここではしかし、その入り口として、交流分析的なものの考え方を通して、牧師と信徒のより良いやりとりについて考えてみたい。

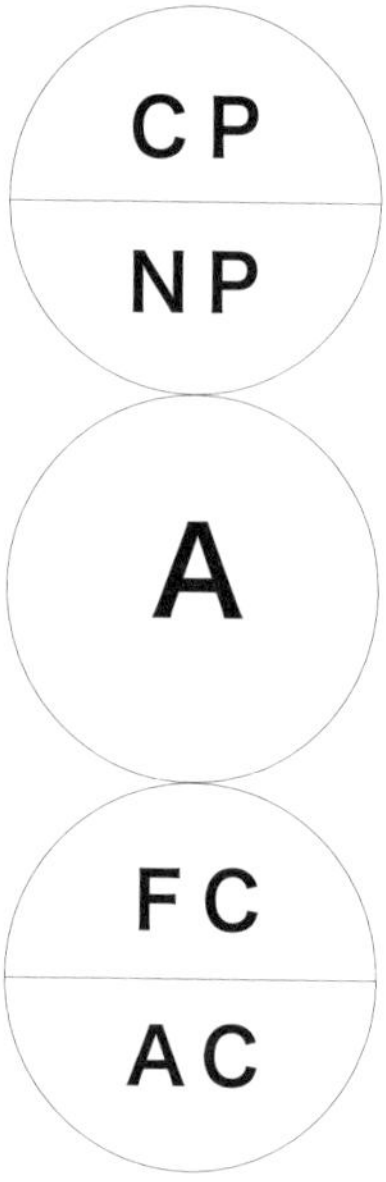

図1　自我状態

「交流分析」においては、私たちの心理状態を三つの○によって表現し、「親の自我状態(P)」「大人の自我状態(A)」「子どもの自我状態(C)」の三つに分ける。さらに、Pについては、「批判的な大人(CP)」と「育てる親(NP)」に、Cについては、「自由な子ども(FC)」と「適応する子ども(AC)」に細分化される(図1)。

　これらは、私たちの日々の行動、発言、ものの考え方の根っこにあるエネルギーの出所を示すもので、個々人によって(時と場合によって変化するものではあるが)、おおまかなエネルギー配分の傾向があると考えられている。

牧師である私たちが、こうした自分の傾向を理解しておくことは、信徒と関わる際の「心の癖」のようなものを知る上でも重要なのである。

「親の自我状態（P）」

「親の自我状態（P）」は多くの場合、成育過程において自分の最も身近にいた「親的役割」を果たす人々から取り込んだ自我状態である。

社会規範や正義に強い関心を持ち、「……ねばならない」「……すべきだ」というCPの強い人は「厳格な家長」タイプで、清廉潔白という意味では、牧師にとっても大切な自我状態と言えよう。一方、これがあまりに強すぎると「専制君主的」牧会となり、信徒を縛り、彼らを自分の意のままに動かそうとするようにもなりかねないから、注意が必要である。

これと対照的なのが「育てる親（NP）」で、信徒を慈しみ、優しく養う牧会を可能とする自我状態である。どちらかと言うと、厳しいCPに比べて、このNPの自我状態のほうが「牧会向き」のようにも思えるのだが、必ずしもそうとは限らない。牧師が信徒をきっちりと指導し、「NO」を言わねばならない時、時としてこのNPが邪魔をすることがある。優しいばかりでは「過保護的」牧会となり、そのために人々の成長を妨げることにもなりかねないのである。

「大人の自我状態（A）」

「大人の自我状態（A）」は「今、ここで」の現実を理性的に把握し、分析できる自我状態である。

このAは、教会の役員会のような場では大いに発揮してもらいたい自我状態である。役員から飛び出す感情的で、時には攻撃的とさえ思える発言に対しても、このAの自我状態に「シフト」を入れている牧師は、冷静に問題となっている事柄を分析し、的確に応答することが可能なのである。

しかし、どんな自我状態でもオールマイティというわけではない。あまりにもAの自我状態が強い牧師は、場合によっては感情を持たない「牧師ロボット」のように受け取られ、理性的ではあるが人間味のない、なんとも冷たい牧師として信徒の目には映ってしまうこともある。

「子どもの自我状態（C）」

立派な大人の中に「子ども」が存在するというのは、一見奇妙に思われるかもしれない。しかし、自分が子どもだった時の生育環境によって身についた、身近な人々に対する態度やものの見方に基礎づけられた「子どもの自我状態」は、どんな大人の中にも存在するのである。

「自由な子ども（FC）」は、文字どおり「子どもらしい」自由気ままな自我状態である。FCが機能している時には、大声で笑ったり泣いたりできる。反対に、癇癪を起こすのを可能とするのもFCの働きである。楽しげに歌ったりはしゃいだりできるのも、この自我状態によるものだ。

FCの強い牧師は子どもっぽいところがあるが、一般に信徒から愛されやすく、そばにいる人々を楽しくさせる力がある。また、聖霊の働きを身近に感じ、それに自由に反応するためには、このFCのエネルギーは不可欠であろう。

しかし、FCは基本的に規範的ではないので、これが過ぎると「いたずら小僧」的な側面が強くなり、時には悪気なく周りに迷惑をかけるような行動をしたりする。また、「我が道を行く」「空気が読めない」という言葉で表現されるような自己中心的な傾向を持つのも、過大なＦＣの自我状態によるものと考えられよう。

もうひとつのＣ、「適応する子ども（ＡＣ）」は、周りの環境に順応する力を与える自我状態で、社会人一般にとって非常に大切なものである。とりわけ牧師のような仕事をする人間にとっては、ＡＣの、徹底して「空気を読む」能力や、周りの期待を敏感に察知する能力は重宝なのである。これこそ牧会の潤滑油、牧師―信徒間をスムーズにしていく自我状態と言えるだろう。

ただ、これは本人にとってはあまり「健康的」とは言えない場合が多い。「良い子」タイプの牧師は、常に周りの期待に添うように語り、行動するのだが、それらの行動はしばしば牧師本人の欲求とは一致していないのである。こうしたエネルギーを使いすぎると、最後には自分が本当に言いたいこと、やりたいことが分からなくなり、精神的に消耗してしまいかねない。

ＦＣとＡＣの配分は難しいところであるが、一般にＦＣが強くＡＣが少し弱いぐらいのほうが長続きする牧会になる場合が多いような気がする。自己開示が比較的容易にできて、信徒の懐にさっと入っていける牧師、ちょっとやんちゃで困ったところもあるが憎めない……ぐらいの牧師がちょうどいいところではないだろうか。

自我状態の硬直化

先に少し触れたように、自我状態は時と場合によってそのエネルギー配分が変わるものである。牧師の一日を考えてみても、場面場面でその「主たるエネルギーの出所」は変わっているものである。

朝起きて家族と一緒に朝食をとっている時には、妻・夫、あるいは父・母として他の家族と接している。子どもに対しては、「ほら、肘ついてご飯を食べちゃ駄目」とCPを発揮しながら、「あなたの作ってくれる卵焼きは最高!」と、夫にはFCで語りかけている。夫婦で一日の予定確認をする時にはAを全開させているし、子どもがその日、学校へ持っていく図工の宿題を眺めて、「すごいね! 天才だ!」とわが子を持ち上げている時には、NPにエネルギーがシフトしているのである。

教会の執務室に入って事務職員さんと打ち合わせをする時にはもちろんAで。しかし、伝道師さんが持ってきた、信徒に出す「お誕生日おめでとう」の葉書に貼られた切手がいがんでいた時には、「一度に何枚も出す君にとっては、何枚かのうちの一枚だろうけど、受け取る信徒さんにしたら、自分だけの一枚なんだ」とCPで指導をする。でも、その後でＮＰにシフトを入れて、「でも、君の字はいつもきれいだね。うらやましいね」とフォローするのも忘れない……。

このように、各自我状態の間で臨機応変にエネルギーの移動が行われることが、「健全」な自我を形成し、またスムーズな対人関係を生み出す基となる。「どの自我状態から」が駄目なのかというよりは、問題は、いついかなる時にも「ＣＰ」からしか関われなかったり、「ＡＣ」でしか発言できなかったりすることなのだ。どんな時でも「先生」みたいな牧師も疲れるし（牧師、信徒双方共）、また常にキッズみたいな牧師でも困るのである。

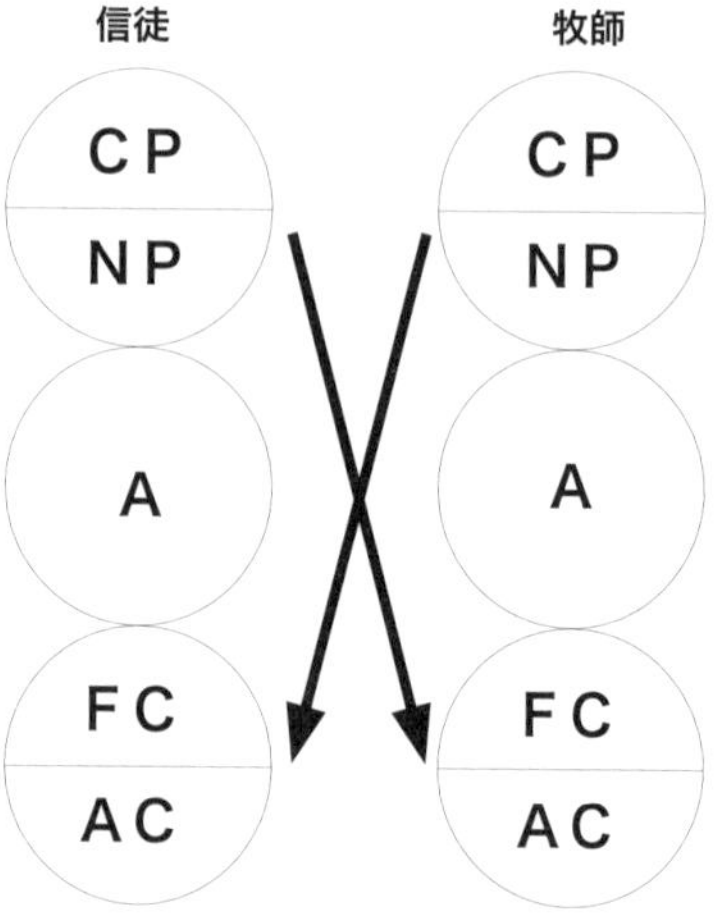

図2　やりとりの分析

やりとりの分析

図1の「だんご三兄弟」みたいな自我状態をふたつ並べて、その間のやりとりの一例を

表したものが、「やりとりの分析」（図2）である。
これは、ふたりの人間がやりとりをしている場合に、双方がそれぞれどの自我状態を使ってそれを行っているかを分析するものである。通常は「相補的交流」「交差交流」「隠された交流」の三つであるが、紙数の関係もあり、ここでは最初のふたつに限って説明をする。

相補的交流

相補的交流は、いくつかの交流のパターンの中で最もスムーズなもので、相手に投げかけたものが、自分が期待したとおりの相手の自我状態から、期待した自分の自我状態に返事が戻ってくるような交流パターンである。

AからAの例

信徒　先生、今日のCSの教師会はどこの部屋でありますか。（A→A）
牧師　ああ、ペテロの部屋ですよ。（A→A）

ＣＰからＣＰの例

牧師　今年の夏の青年の集いのプログラムを見ましたが、どうもバーベキューや水泳ばかりで、もう少し聖書の学びも入れたほうがいいように思いますね。（ＣＰ→ＣＰ）

信徒　はい、私も見ました。あれではせっかくのプログラムがもったいないですね。私からも青年会長に言っておきますよ。（ＣＰ→ＣＰ）

これら相補的交流は、当事者にとっては実に気持ちのよいものである。ただし、これはあくまで交流がスムーズであるということだけであって、そこで話されている事柄の善し悪しとは無関係であることに注意が必要である。気持ちよいやりとりであっても、ほとんど内容のない「雑談」に終止することもあるからだ。

交差交流

基本的に他者とやりとりをしていて、なんとなく納得できなかったり、不満足な後味が残る場合には、やりとりの交流が「交差」している場合が多い。すなわち自分が期待していなかった相手の自我状態から、期待とは違う自分の自我状態に対して返事が戻ってくるような交流のパターンである。実は図2はこの交差交流のパターンなのである。

双方CP→Cの例

信徒　最近、週報の献金者氏名の間違いが多いですよ。注意してください。(CP→C)

牧師　はぁ？　あなたね、この間の総会資料の財務報告、間違いだらけでしたよ。人のことを言う前に、自分のやっていることにもっと気を配ったらどうですか。(CP→C)

やりとりに「正解」はないが、これは最悪である。

これを相補的交流とするのであれば、牧師はC→Pの方向で返すべきであった。つまり、「そうでしたか。申し訳ありませんでした。気をつけます」。単純なようだが、これがいちばんスムーズな交流となる。

また、この信徒からの言葉をむしろAからの発言と捉え、いったん「大人の自我状態(A)」で受けることもひとつの方法である。「そうでしたか。どなたの氏名が間違っていたか教えていただけますか」と事実関係を確かめてから次のボールを投げる準備をするのだ。こうすることで、やりとりが感情的にならず、理性的に話を進めることができるのである。

Aの乱発にご注意

何かとものの分かったふうの牧師の中には、前述したAの自我状態を乱発される方もおられる。確かにAで相手のボールを受けて、そこから返すという方法はかなりの場面で有効である。しかし、何が何でもAというのも困りもの。

信徒　先生、ここのラーメン、めっちゃうまいすよね！（C→C）

牧師　はい、このうま味はグルタミンというよりも、イノシン酸のほうが多いようですね。しかし、この麵に含まれているかん水が少し強すぎる気がしますね。（A→A）

信徒　……。

こういう時には、日ごろはインテリで通っている牧師も、FCを全開させて、「うまい！」とひとこと叫ぶ。青年信徒の間で好感度が急上昇すること間違いなしなのである。

おわりに

「頑固親父」のような牧師、「精密機械」のような牧師、「アーティスト」みたいな牧師など、牧師もいろいろである。

しかし、自我状態のそれぞれのエネルギーは移動可能と言われている。また、すでに強い自我状態を弱くするよりは、弱い自我状態を強くしたほうがいい。実はこの自我状態にも「エネルギー保存の法則」が適用されるようで、弱い自我状態が強くなると、その反対の自我状態は弱くなるそうだ。

規範的なCPがやたら強い人は、「養う親」であるNPを強くする努力をすると、おのずからCPが下がる。また、他者に合わせてばかりで疲れてしまうACの人は、大声で歌うとか、映画をたくさん観て涙を流すとか、人のいないところで誰かの悪口を口に出して言ってみよう。それによってFCが上がり、その分ACが下がるからだ。

交流分析の世界では「過去と他人は変えられない」と言われるが、自分で自分を変えることはできる。信徒に向かって「回心」や「悔い改め」を勧める私たち牧会者こそ、神様の導きによって（まず）自分のありようを変えていただけることを信じたいのだ。

第2章　香山リカ×関谷直人対談

――病める時代の牧師サバイバル指南

「絶対に信じます」なんて言えない

関谷　香山さんは著書『しがみつかない生き方』（幻冬舎新書）の中で、ときどき教会に行っていると書かれていたり、『神学部とは何か』（新教出版社）を著した佐藤優さんと出版記念シンポジウムで対談されたりしていますが、そもそもキリスト教、教会との最初の出会いは何ですか。

香山　私は北海道小樽市で育って、子どもの頃、小樽公園通教会（日本基督教団）の教会学校に通っていました。実家はクリスチャン家庭でも何でもなく、ただ父が英語の勉強がてら「英語で聖書を読む会」に出席していたんです。そんな関係でCSに行くようになったのだと思います。洗礼は受けていませんが、今も小樽に戻ると、ときどき礼拝に出席しています。東京にいる時は、友人で歌人の林あまりさんに誘われて下北沢の教会に顔を出したりもします。

関谷　受洗しないのは何か理由があるのですか。

香山　しないと決めているわけじゃないんです。求道者会のレクチャーも受けましたけど、最後の決め手がなくて。平和は大切だと思うし、精神科医として、病気の方とか弱い人も共に生きる世の中にしたい。これまでも機会があるごとにそういう発言をしてきました。でも、こういう発言や行動を、「あ、クリスチャンだからか」と勝手に納得されるのはすごく抵抗があって……。

関谷　分かる、分かる！

香山　クリスチャンは〝あっち側の人〟とひとくくりにされるの、悔しいじゃないですか。それに、大人になってしまうと、何かを「絶対に信じます」なんて、なかなか言えない。洗礼式で前に出て、「キリストを信じますか」と聞かれた時、最後の最後で「半分ぐらいです」とか言ってしまいそう（笑）。

関谷　いやー、正直やなあ（笑）。

「教会はオープン」って本当なの？

関谷　ところで、香山さんは大学教授でもあり、著作には若い学生とのエピソードもたびたび出てきますが、実際、若い人にキリスト教、あるいは宗教ってフィットしないものでしょうか。

香山　むしろ、その反対です。いま立教大学で教えていますが、私が精神科医だということを知って、学生たちがいろいろなことで相談に来ます。そのほとんどが「どう生きたらいいんでしょう」とか「友だちがいない」「居場所がない」という悩みで、「キミたち、なんでチャペルに行かないの」って思う。若い人たちは真剣に求めているのに、なぜ宗教がいいかたちで彼らを取り込まないのか不思議ですね。

関谷　正直言って、教会のあの雰囲気、あの礼拝、あの説教、若い人が来るやろか。牧師としては客観的に判断できないのですが、香山さんにはどういう印象ですか。

香山　小樽の教会の牧師さんたちは、社会的な問題にも積極的で、カッコイイですよ。教会員には高齢者も多いのですが、心の病のある方やシングルマザーなどもいて、オープンな雰囲気。若い人も入ってきやすいと思います。でも、一般的に「教会」は清く正しい人の集まりといったイメージ。「悩みがあったり、失業中だったり、人生に失敗した人は近づくべきでない」と感じさせる何かがあるのではないでしょうか。たとえば、いろいろ教会が「クリスマスには教会へ！　食事も用意しています」なんてチラシを駅前で配ったりしますよね。私は、ホームレスの人たちが大挙して来たらどうするんだろうと心配するのですが、実際にそんなことは起こらない。受け取った人は一瞬、「わ、一食助かる！」と思うかもしれませんが、やはり心の中に高い敷居があって、「行くべき場所じゃない」と思い直すのでしょう。意地悪な見方かもしれませんが、配っているほうもそれを見越しているというか、双方に暗黙の了解があるように思えます。「教会はすべての人に開かれている」というのは本当なの？　とひっかかるんです。

関谷　私はアメリカの教会にいたこともあるのですが、あちらには、労働者のために炊き出しをしたり、夜は簡易宿泊所になるような教会もたくさんある。欧米では、社会の中で教会は身近な存在なんですよね。そういった意味では、日本ではまだまだ……。

香山　日本でも身近になるチャンスはあると思うんです。たとえば、「年越し派遣村」で「厚生労働省の講堂を開放せよ！」とかやっていた時、都会の大きな教会が「どうぞお泊まりください」と言うこともできたのでは。

関谷　阪神淡路大震災の時は、その日のうちに避難所として教団が事務所などを開放した例もあるんですけどね。

なりふり構わず伝道できない事情

香山　本当に「若い人に来てほしい、信徒を増やしたい」と思うのなら、派遣切りにあった人に教会を開放してもいいし、カリスマ牧師やイケメン牧師を揃えてバンバン宣伝することも考えられますけれど、実際にはやらないですよね。たとえば、仏教では瀬戸内寂聴さんの講話にわーっと人が集まるとかあるじゃないですか。キリスト教では、一箇所に話題が集中するのをあまりよしとしないのですか。

関谷　特にプロテスタントでは、ある人物を聖人化するような動きには抵抗感が強いでしょう。中にはカリスマ性のある牧師もいますけれど、一般の社会に影響を与えるほどではないですね。

香山　私のように俗の側にいる人間には、本当は信徒が増えないほうがいいと思っているようにも見えます。だって、今どきみんな必死にやっているわけですよ、人を集めよう、ものを売ろうって。教会って、いいものを広める自負があるはずなのに、なりふり構わずやるほど熱心ではないような……。

関谷　それは、教派や牧師個人の伝道スタイルにもよるかなあ。教会というところは、良くも悪くも二重構造を生きています。新しい人に来てもらいたい。一方で、教会を支えてきた教会員のコミュニティも大切にしたい。神の国に属するものであるけれど、この世のシステムとも切り離せない。たとえば、「神様の御用のために」と集めた献金も、会計係がまとめて牧師に謝儀を払い、光熱費だ、何だと、やりくりする。同時に、「思い煩うことはありません。神様がすべてを備えてくれます」とも言う。

二四時間エンジンを止められない

関谷　二重構造や硬直化した人間関係などに牧師が疲れ果ててしまう例は、実はたくさんあります。香山さんは教会に出席して、牧師が疲れていると感じることはありませんか。

香山　そういえば、聞いた話ですが、ある教会では、高齢の信徒さんが牧師先生に「病院に行くから車出して」と頼むのだとか。まあ、牧会活動の一環としてそういうこともお引き受けになっているのでしょうけれど、「そこまでするんだ！」と驚きました。

関谷　教会というシステムには、牧師の燃え尽き症候群、うつ状態を引き起こさせる面もあるのではないかと思うのですが、精神科医としてはどうご覧になりますか。

香山　実は偶然ですが、牧師夫人を診察したことがあるんです。その方の旦那さんは、貧しい方々と連帯しようと、労働者の街などで伝道しておられるのですが、家計が本当に逼迫していて、奥さんは精神的に追い詰められてしまった。加えて、「夫は熱心に伝道しているのに、今の生活に耐えられない自分は信仰が足りないのではないか。しかも、病気になって申し訳ない」という葛藤もあって……。普通の方のうつ以上に悩みは複雑だと思いました。

関谷　分かるなあ……。

香山　よく「オンとオフを分けて、気持ちを切り替えましょう」とアドバイスをするのですが、考えてみると、牧師さんのように職業と信仰的使命が強く結びついている場合、「オンとオフ」って分けられるのでしょうか。

関谷　いちおう月曜を休みにしている牧師は多いです。でも、その日に信徒さんが亡くなることもあるし、ふだんの日も、時には夜一〇時過ぎに信徒さんから電話がかかってくることもある。精神的には、常時エンジンのアイドリング状態なんですよ。

香山　それはストレスがたまりますね。聖書に「週に一日を安息日とせよ」と書いてあるのは、拠りどころにならないのですか。

関谷　現実的に休めないし、休むことが怖い。実際には、謝儀という名の給料をもらって働いているのですが、自分の中に「対価と引き換えに働くのとは違う」という気持ちもあって、一般的な〝職業〟や〝就職〟とは違うので、ワーカホリックになりやすいと思います。

一〇〇%のサービスを求められる現代

関谷　でも、ある世代、六〇歳より上の世代では、「牧師の仕事は三六五日、二四時間。オフなんてありえない」という考えが大勢で、それでもうまくやってこられたようにも見えます。

香山　確かに世代的な違いはあるかもしれませんね。私の父は産婦人医として自宅で開業していて、それこそ職住接近、ドア一枚隔てた先が診療所でした。妊婦さんはいつ産気づくか分からないので、二四時間態勢です。でも、意外とのん気でしたね。物理的、体力的にたいへんだった時もあったと思いますが、心理的にギリギリまで追い詰められていたという感じはないです。でも、私だったら、少なくとも職場と自宅は分けたいですし、「職場を出たら仕事のことは考えない」という生活でないと、やっていけないと思うんです。

関谷　個人差はあるにしても、ある年代より上の人たちが、二四時間、医師でも牧師でも何とかこなしてこられたのはなぜだと思いますか。

香山　ひとつは、皆がサービスに求める水準が現代と比べて格段に低かったからではないでしょうか。一昔前なら、真夜中に診療所に電話して、「その状態なら緊急じゃないから、明日来てね」と言われれば、素直に「はい」と納得していました。そういう大らかなやりとりがあったのに、今は患者さんも、その瞬間に満足する答えが出ないとクレーマー化したり、医師も「何かあったら訴えられる」と思って過剰に反応する。サービスを受ける側は、「プロなんだから、いつも一〇〇%応えて当たり前」という論理だし、サービスを提供する側、特に医師や牧師は「聖職者」という言葉があるように、どこまでも尽くそう、期待に応えようとしてしまうのでは。

関谷 信徒も、そういう牧師がいい牧師だと思っていますから、牧師は「月曜日はお休みなので、お急ぎでなければ明日にしていただけませんか」となかなか言えないですね。それに、牧師を目指す人は基本的に真面目なんです。適当に手を抜きながら楽しくやりたい人は、そもそも牧師にならないですしね。

つらくても牧師の転職は難しい？

香山 牧師さんって、途中退職者っているんですか。

関谷 いい質問ですね。いますよ、たまに。私の知り合いでも、途中であきらめてラーメン屋になった人がいます。

香山　それは「あきらめた」ことになるの？　もっと自分に合った職業に転職したとは思わないし、思われない？

関谷　うーん、詳しい事情は分からんけど、そうとう悩んだ末に退いたのと違うかな。もしも自分なら、何らかの理由で挫折して教会を離れることになったら、挫折感は大きいと思います。牧師だった人が皆に祝福されて円満退職し、パイロットになったとかいう話は聞きませんねえ。

香山　その逆はけっこうありますよね。私の知り合いでも、四〇代ぐらいで神学校に入って、「私の世界はこっちだった！」と頑張っている人がいて、「よかったね」と思うのと同時に、「前の仕事がよっぽどつらかったんだなあ」と思います。

関谷　私もその口ですよ。コンピュータのエンジニアだったのですが、仕事がたいへんで挫折し、逃げるように神学校に行ったのです。大きな信仰的な枠組みで見れば、それも神様の計画だったのかなと。

香山　でも、牧師からラーメン屋では、「神様の計画」と評価されないみたい。ラーメン屋さんだって、おいしいもので人を幸せにする仕事だと思いますけど……。

関谷　プロテスタントには「万人祭司」という考え方がありますから、元牧師のラーメン屋が伝道していてもおかしくはないのですが、そうではないとすると、自分も周囲も〝転んだ〟（転向した）と思う。牧師は、「召命」と言って、「神様に呼び出された」という気持ちに支えられている面があります。それに、今は牧師の数が絶対的に足りない。だから、ボロボロになっても、なかなか白旗を上げられないんですよ。「神の忠実なしもべとして仕えてきたつもりなのに、本当はその器じゃないのか」という迷い、つらさを隠しながら働いている牧師って、けっこういると思います。

〝普通のおっちゃん〟になれない牧師たち

香山　「自分はうつかな」と思ったら、やはり同じ信仰を持った医師に診てもらいたいですか。

関谷　そうだと思います。でも、自分のことを知らない医者がいいですね。自分のところの教会員ではなくて。

香山　「牧師」ではなく「ひとりの病んだ人」として受け止められたいとは思わないですか。ノンクリスチャンの医師のほうが、そうしてもらえる可能性があるとは思いますけれど。町を歩いている時も、〝先生〟より、ただの〝おっちゃん〟のほうが楽じゃないですか。牧師ではない匿名の人として扱われることって、ある種の解放感を伴うと思うのですが……。

関谷　そうですね。時に「牧師」という自我を手放すことも必要なのでしょう。でも、牧師一般のメンタリティとして、そうやって解放感を得た自分を許せるかどうか。享楽的なこと、自分を甘やかすようなことは受け入れられない真面目な人が多いからなあ。

〃いい人〃を過剰に演じた反動

関谷　だから、牧師は病んでも、自分で何とかしようとギリギリまで頑張ってしまう。そういうプレッシャーのもとで、家庭の中に暴力が向かう例もある。

香山　それは医師の場合もあるそうですよ。特に精神科医は、外では人に寄り添って、受け入れて、たとえば不登校の子に「学校に行かれなくてもいいんだよ」とか言うのに、わが子には「学校に行かないなんて、何だ！」と激高するとか。外で〃いい人〃を過剰に演じた分、家の中で反動が出てしまう。

関谷　特に牧師家庭の子どもは、親の外の顔、内の顔の両方を見ますから、影響も大きいと思います。日曜日には、教会員に頼りにされる優しい人、偉い人が、家庭では暴君だったり。それに、子ども自身も「教会の子ども」という、ある意味でパブリックな存在であり、常に大勢の教会員に見られて「いい子」を期待されますし。海外ではＰＫ（Pastor's Kids）と言って、教会の影の問題として、たびたび取り上げられています。

香山　牧師さんの子女で自らも牧師になる人って多いように思うのですが、いろいろ荒波をかいくぐってきているんですね。

過重労働に苦しむ牧師救済システム

香山　そういうハードな仕事の人に対しては、よくスーパーバイザーがいて、定期的に面接して、悩みを聞いたりしますよね。神様以外に、牧師さんのスーパーバイザー的な人っていないんですか。あと、仲間同士で悩みを話し合うピア・カウンセリング的な機会は……。

関谷　アメリカなどでは制度として整っていますが、日本では、プロテスタントでいちばん大きな教団である日本基督教団でも、スーパーバイザー制度はありません。まあ、ピア・カウンセリングとしては、たまに牧師同士で腹を割って話し合う内輪の会もあり、それがガス抜きになっているとは思います。先ほども言いましたが、牧師はいわゆる

〝職業〟ではないと、自分たちも周囲も考えているせいか、〝職業制度〟としては、メンタル・ケアはもちろん、社会保障制度的なこともなかなか確立しないんです。私はアメリカにいた時代にメソジストの教会に所属していたのですが、そこで働く牧師には年金とか住宅の保障もあるし、「一年のうちに○日は必ず休む」「□年間働いたら△カ月間の長期休暇」とか、しっかり決まっていました。

香山　そうでないと、もたないですよね。今の日本では過重労働が社会問題になっていますから、「どんな人も一定の休みはとるべき」という理解は広がってきています。でも、教会だけは別世界なのでしょうか。

関谷　そんなことはないと思います。具体的には、どんなことから対策を検討すればよいでしょうか。

香山　一般の企業で過重労働に苦しんでいる人と同じだと思いますよ。たとえば、「休みを確保する」「オンとオフを分ける」「スーパーバイザーと話す」。これらをシステムとして作っていくことが必要ではないでしょうか。

関谷　教団や教派として足並みを揃えるのが理想ではありますが、まずはそれぞれの教会で牧師と信徒が話し合うことが大切でしょうね。

香山　大きな教会では複数の牧師さんがいるところもありますけれども、たとえば、できるだけ複数体制にしていくことはできないんですか。それか、休みの間には産休補助教員みたいに、代わりの牧師さんが教団から派遣されるとか。この前、タクシーに乗った時に聞いたのですが、その会社では、お盆やお正月になると、大勢の運転手さんが休暇をとって田舎へ帰るので、代わりに定年退職したドライバーの方に声をかけて、シフトに入ってもらうんですって。退職者も、お小遣い稼ぎができると、楽しみにしているそうですよ。

関谷　確かに隠退牧師の人材バンクを作るというのはいい案ですね。呼ばれたら、一カ月ぐらい牧師館に住み込みで、代わりに牧会してくれるというような。

別分野の専門家の見方を学ぶつもりで

関谷　ところで、香山さんが書かれた『「私はうつ」と言いたがる人たち』（ＰＨＰ新書）を読んでみて、本当にうつなのか、それともそう言いたがっているだけなのか、自分では判断が難しいなと思いました。「こうなったら危ない」という目安はありますか。

香山　やはり、ガクンと集中力が落ちたり、思考がまとまらない、説教の時に言葉が出なくなる、やる気はあるのに空回りといったことが思い当たるようなら、少し仕事から離れて考えてみることが必要でしょう。

関谷　朝どうも起きられないというのはどうでしょう。

香山　うつの前段階で、疲労が蓄積していることが原因かもしれません。うつの代表的なサインとして不眠があることは知られていますが、不眠だけでなく、比較的スムーズに眠れるけれど、夜中に起きてしまうとか、日中もずーっと眠気がとれないなど、睡眠のパターンが変わるのは危険なサインですね。

関谷　医師の手を借りるのがよいとは言っても、やはり抵抗は感じますね。

香山　確かに、ベテランの牧師先生などは、思い切って精神科に行ってみたら、若いお兄ちゃんみたいな医師が出てきて戸惑うかもしれません。でも、今の自分の状況を別分野の専門家はどう見るのか、その見方を学ぶという観点で捉えてみてはどうでしょう。

関谷　なるほど。

うつの経験もプラスに転じる

関谷　危険信号に気づいたら、相談に行くのが大切ですね。

香山　ぜひ、そうしてください。「病気じゃなかったら恥ずかしい」と思うかもしれません。でも、医師にとっても、「まだ大丈夫ですが、こういうことに気をつけてください」と言ってあげられることは全然無駄ではありません。

関谷　「うつ」とはっきり診断されて、薬を受け取るようになったら、それはそれでショックやろなとも思います。

香山　薬を飲むことに抵抗のある方もいると思うのですが、短期間の使用で、うまく楽になれればいいのです。また、うつ病になるのに、人格者かどうか、社会的な立場がどうかなどは関係ありません。だから、「神様に仕える私が……」とか「ベテランの牧師なのに病気になって情けない」などと思う必要は全然ないです。私はこれまでたくさんのうつ病の患者さんを診てきました。学校の先生とか会社の管理職の方など、リーダー的な立場の方もいますが、皆さん、仕事に復帰された後、「この病気を経験してよかった」とおっしゃいますよ。今までの働き方や考え方の癖を客観的に見つめることで修正できるようになったとか、職場のリーダーの場合は、他の人がうつにならないよう職場環境を改善したり……。また、つらい時期を家族で支え合い、絆が深まったということもよく聞きます。自分の痛み、つらさの経験をマイナスに終わらせていませんね。

関谷　そういう意味では、牧師も「うつ的な経験」を活かすことはできそうですね。

香山　明るく自信に満ち溢れた牧師さんもいいけれど、私などは、苦労も挫折も経験していそうな、ちょっと影のある先生のほうに人間的な魅力を感じるかなあ……。もちろんキリスト教では、牧師ではなくイエス様を信じるということがいちばん大切だとは思うのですが。

関谷　やはり目の前の人物の影響は大きいですよ。そう思うと、牧師は体の健康、心の健康を整えておきたいですね。また、個人だけの責任に帰するのではなく、教会、教団などもー緒にサポートしながら……。長い目で見れば、牧師が健康を保つことは、教会への奉仕にもなるわけですから。

あとがき

本書は、季刊誌『ミニストリー』（キリスト新聞社）の連載をまとめたものである。「牧会指南」などと、ずいぶん偉そうな表題を掲げて始めた連載だったが、そのときには、どこからか届く季節ごとの便りのように、新しい季節が来れば、またどこかへ飛んでいくようなものだと気楽に考えていた。ところが、キリスト新聞社から、それを一冊にまとめて単行本化すると話があったときには、ちょっと困ったことになったぞと内心思った。小冊子ながらも単行本となると、勝手が違う。少部でも、そこいらに出回ると、古本屋で売られるまでは、誰かの書棚に収まることになるかもしれない。そんなに心配なら出版するのをやめればいいようなものだが、ゲラ刷りを読み返してみると、羞恥心よりも「せっかく書いたのだから」という思いが自分の中で勝るようになり、結局はこうして「あとがき」を書いている。

この季刊誌での連載の前に、『キリスト新聞』紙上でも連載を持たせていただいたことがあるが、そのとき以来の私の主たる関心事は、「メンタルヘルスと牧会」にあった。その関心は、教会の現場で仕える牧師が、必ずしもこうした分野について十分な知識や技能を有していないのではないかという思いから出てきたものである。

神学校や大学の神学部で学んできた牧師の多くが、神学的な学問領域においてはかなりの研鑽を積んでいる一方で、臨床心理学や実践的なカウンセリング方法については、あまり高い技能を有しているとは言えない状況があるように思える。私が教鞭をとっている同志社大学神学部においても、たとえば「臨床牧会訓練」(CPE, Clinical Pastoral Education)のような、対人関係に深く関わる科目を牧会志望者のすべてが履修しているわけではない。すると、そうした学生は、基本的なカウンセリングの技能を学ぶ機会を持たないまま現場に出ていくことになる。

説教が今ひとつシャキッとしない、あるいは、教会の事務的な処理能力に若干の問題があるという牧師たちがいる。確かにそれはそれで問題なしとはしないが、それ以上に切実な問題が教会にはある。すなわち、教会に集ってくる人々(とりわけ若年層)の中に、精神面での課題を抱えた人々が少なくない現代の日本の教会では、カウンセリング技能の欠如による対人関係・調整上のトラブルが、しばしば致命的な問題を引き起こす原因となっているのである。

もちろん、牧師＝カウンセラーではないし、そうでなければならないとも思っていない。臨床心理士の資格を持っていないと、適切な牧会ができないとも思わない。しかし、牧会を続けていく上で、牧師が牧師という専門性を中心に据えながら、同時にカウンセリングの技能を身につけていくことは、教会員にとっても、牧師本人のメンタルヘルスにとっても、きわめて意味のあることだ思うのである。

この連載の中でも、カール・ロジャーズの「来談者中心療法」やエリック・バーンの「交流分析」に少し触れており、ドメスティック・バイオレンスやセクシャル・ハラスメントなど、現代の教会にとって火急の課題と思われるものについても取り上げた。また、いわゆる「牧師夫人」や、牧師館で過ごす子どもたちの問題については、牧師のプライベートの部分にも入り込むかたちで書いた。

私がこの連載で期待したのは、読者である牧師が自らのカウンセリング技能を向上させようと考えるきっかけになればということもあった。しかし、それと同時に（むしろそれ以上に）、牧師が自己を振り返ることによって、一人の人間として存在する自分自身と、その自分と不可分に結びついている「生身」の家族とが、自らに求められている献身と犠牲をどのように引き受けていくのかについて考える契機となることであった。このように牧師自身がメンタルヘルス面で自己とその家族を配慮することは、長く牧師を続けていく際にはきわめて重要なことである。いたずらに「スーパーマン」のような牧師を演じていても、やがては「土の器」としての人間の限界を露呈することになる。その意味で牧師は、常に自己に対して謙遜であって、「分不相応」な働き（物理的にも心理的にも）にコミットしない勇気も必要なのである。

ちゃんと南を向いているかどうか怪しいような「指南」の連載を許し、単行本にまでしてくださったキリスト新聞社、特に、私が駆け出しの伝道師だった時代からの友人である社長の金子和人氏に心よりの感謝を申し上げたい。また、連載当時、博士課程後期の学生であり、今は同僚となった木谷佳楠さんには、連載期間中を通し、ずっと「良い読者」としてコメントをいただいた。紙面を借りて感謝の意を表したい。

二〇一五年二月

関谷直人

関谷直人（せきや・なおと）

同志社大学神学部教授。

1960年、奈良県生まれ。大阪芸術大学音楽学部、同志社大学神学部卒業。同志社大学大学院神学研究科博士課程（前期）、San Francisco Theological Seminary Doctor of Ministry 修了。日本基督教団霊南坂教会担任教師、米国パイン合同メソジスト教会日本語部牧師、日本基督教団高の原教会主任代務教師などを歴任。

著書に『講座　現代キリスト教カウンセリング　第三巻』（共著、日本基督教団出版局）、『クリスマス音楽ガイド』、『バッハのコラールを歌う』（共著、いずれもキリスト新聞社）、『「健康な教会」をめざして』（キリスト新聞社）。

訳書にアル・マイルズ『ドメスティック・バイオレンス』（日本基督教団出版局）。

香山リカ（かやま・りか）

精神科医。立教大学現代心理学部教授。

1960年、北海道生まれ。東京医科大学卒業。豊富な臨床経験を活かして、現代人の心の問題を中心にさまざまなメディアで発言を続けている。専門は精神病理学。ＮＨＫラジオ第一放送「香山リカのココロの美容液」（金曜・夜9：30より）でパーソナリティをつとめる。

近著に『堕ちられない「私」――精神科医のノートから』（文藝春秋）、『怒り始めた娘たち』（新潮社）、『リベラルじゃダメですか？』（祥伝社）、『劣化する日本人』（ベストセラーズ）など、著書多数。

編集・ＤＴＰ制作：雑賀編集工房
装丁：吉林　優

牧会の羅針盤――メンタルヘルスの視点から

2015年３月20日　第１版第１刷発行

著　者　関　谷　直　人
発行所　キリスト新聞社
〒162-0814　東京都新宿区新小川町9-1
和光市オフィス　〒351-0114　埼玉県和光市本町 15-51
和光プラザ 2F
電話 048（424）2067
URL. http://www.kirishin.com
E-Mail. support@kirishin.com
印刷所　協友印刷

ISBN978-4-87395-665-7　C0016（日キ販）　Printed in Japan